आहटें

आहटें

पवन कुमार

वाणी प्रकाशन

वाणी प्रकाशन

4695, 21-ए, दरियागंज, नयी दिल्ली 110 002

शाखा

अशोक राजपथ, पटना 800 004

फ़ोन : +91 11 23273167 फ़ैक्स : +91 11 23275710

www.vaniprakashan.in
vaniprakashan@gmail.com
sales@vaniprakashan.in

AAHTEN
by Pawan Kumar

ISBN : 978-93-87409-09-5

Ghazals

प्रथम संस्करण

मूल्य : ₹ 350

सिटी प्रेस, दिल्ली-110 095 में मुद्रित

वाणी प्रकाशन का लोगो मक़बूल फ़िदा हुसेन की कूची से

उसी की याद के बर्तन बनाये जाता हूँ
वही जो छोड़ गया चाक पर घुमा के मुझे

एक संजीदा शायर : पवन कुमार

उर्दू की एक ख़ूबी यह भी है कि वह दूर-ओ-नज़दीक लोगों का दामन-ए-दिल अपनी तरफ़ खींचती है। अपने और बेगाने सब उर्दू के घर में एक होकर यगानिगत का झण्डा बुलन्द करते हैं। उर्दू वाहिद हिन्दुस्तानी ज़ुबान है जिसको हर क़ौम व मिल्लत, हर मज़हब और हर तर्ज़-ए-फ़िक्र के लोगों ने अपना ज़रिया-ए-इज़हार बनाया है। लेकिन इधर गुज़िश्ता दो-तीन दहाईयों से एक बात यह भी देखने में आ रही है कि दूर-दूर के लोग, जिनकी मादरी ज़ुबान उर्दू नहीं है, वह इस ज़ुबान की मुहब्बत और इसकी शायरी के सहर में असीर होकर यह ज़ुबान सीखते है और इसमें शेर कहते हैं। इनमें ऐसे लोग भी हैं जिन्हें उर्दू शायरी की मुहब्बत ने उर्दू उरूज़ के गली कूचों का रहबर भी बना दिया। बाज़ को मैं जानता हूँ कि वो शुरू-शुरू में वज़्न-ओ-बहर व बहर से आरी शेर कहते थे लेकिन उनको इसकी तरफ़ मुतवज्जा किया गया तो उन्होंने तुन्दही से उर्दू का उरूज़ सीखा और फिर नकसक से दुरूस्त शेर कहने लगे।

पवन कुमार हमारे उन शायरों में नुमायाँ है जिनकी मादरी जुबान उर्दू नहीं है लेकिन जिन्होंने उर्दू जुबान और शेर को अपने शौक़ के वफ़ूर की बिना पर इख्तियार किया है। मेरा ख़याल है कि उनकी फ़ितरी मौज़ू तबई ने उन्हें अरूज़ सीखने की ज़रूरत से बेनियाज़ कर दिया होगा। उनके कलाम में जो रवानी और उनके यहाँ बहरों का जो तनोह है, उससे तो यही मालूम होता है कि वह फ़ितरी तौर पर उर्दू शेर के आहंग पर क़ुदरत रखते हैं, यह बड़ी बात हैं।

पवन कुमार की ग़ज़लों में सबसे नुमायाँ वस्फ़ मेरे ख़याल में उनका

ठण्डा, ख़याल से भरपूर और जज़्बातियत से आरी लहजा है। आजकल उर्दू शोअरा में यह रुझान फैलता जा रहा है कि वह सोचकर शेर नहीं कहते। जो बात उन्हें सूझती है, उसे नज़्म कर देते हैं और समझते हैं कि ग़ज़ल का हक़ अदा हो गया। वह यह नहीं देखते कि जो शेर उन्होंने बनाया है, उसके नसरी अन्दाज़ नुमायाँ हैं। न तख़य्युल की कारफ़रमाई, न ज़ुबान की नुदरत, न इस्तआरे या पैकर की क़ुव्वत। हालत-ए-हाजिरा पर सीधे, बेख़ौफ़ अन्दाज़ में मौज़ूँ कलाम कह देना आजकल शायरों का शिआर हो गया है। पवन कुमार संजीदा और पुर तफ़क्कुर इज़हार-ए-ख़याल को शेर के लिए ज़रूरी समझते हैं। उनके यहाँ एक ख़फ़ीफ़-सी महज़ूनी है लेकिन यह महज़ूनी ज़ाती नारसाई से ज़्यादा एक काइनाती नारसाई और इंसान के काम को अच्छे अंजाम तक न पहुँच पाने के बाइस नज़र आती है–

हम जूस्तजू ए शौक़ में छान आये कहकशाँ
अफ़सोस लेकिन एक सितारा नहीं मिला

यहाँ सितारा में किसी एक मुकर्रा सितारे का मफ़हूम तो है ही, कि जिस सितारे की तलाश थी वह नहीं मिला लेकिन एक मफ़हूम यह भी है कि कहकशाँ में भी एक सितारा नहीं था, सब-का-सब ख़ाली था। हर तरफ़ वीरानी थी। इसी तरह वक़्त के गुजरने का तजुर्बा सबको होता है, लेकिन ऐसा भी हो सकता है कि वक़्त अपने आपको दोहराए, इस मानी में, कि कोई आफ़त जो पहले पड़ चुकी थी, दोबारा उसका सामना करना पड़े। यह इंसानी तक़दीर का अलमिया है। पवन कुमार कहते हैं–

जिस पल को मैंने समझा दोबारा न आयेगा
फिर यक-ब-यक उसी से मेरा सामना हुआ

मीर की मशहूर ज़मीन व बहर में पवन कुमार ने छह शेर कहे हैं। मीर के सामने चिराग़ जलना मुश्किल क्या, बल्कि आज तो नामुमकिन मालूम होता है, कि अब लोगों को न ज़ुबान की ख़बर है और न बयान का शऊर। लेकिन पवन कुमार ने एक शेर निकाल ही लिया है–

ख़्वाब सिरहाने रखकर मैंने कैसे काटी पिछली रात
या तो बिस्तर जाने है या सुब्ह का तारा जाने है

मुझे पवन कुमार से बड़ी उम्मीदें हैं। इस मशवरे के साथ यह मुख़्तसर तहरीर ख़त्म करता हूँ कि पवन कुमार को चाहिए कि पुराने असातिज़ा ख़ासकर मीर, सौदा, मुसहफ़ी का कलाम खूब देखें, दाग़ से भी मुसलसल मामला रखें। वे नये शोअरा में मुनीर नियाज़ी, सलीम अहमद, मुहम्मद अलवी, विमल कृष्ण अश्क के औराक़ बार-बार पलटते रहें। उनके सामने उर्दू शेर की शाहराह खुली हुई है।

–शमसुर्रहमान फ़ारूक़ी

...हाजिर हूँ

एक अरसे के बाद फिर से आपके सामने 'आहटें' के ज़रिए हाज़िर हूँ।

2012 में 'वाबस्ता' के साया होने के बाद लगातार सरकारी मसरूफ़ियात के चलते मैं चाहकर भी कोई मजमुआ आप तक नहीं ला सका। दरअस्ल–

दो कश्तियों में रहने का अहसास हर घड़ी
आसाँ सुखनवरी है कहाँ नौकरी के बीच।

हालाँकि इस देरी की एक वजह यह भी रही कि तमाम ग़ज़लें कहने की कोशिश तो की मगर कभी किसी का मिसरा अंजाम तक नहीं पहुँचा तो कभी किसी की गिरह पसन्द नहीं आयी और अगर मिसरा अंजाम तक पहुँच भी गया तो खुद को लगा कि ये क्या लिखा है? बहरहाल पहले तो कहने और न कहने के बीच की जद्दोजहद और अगर कुछ लिख भी गया तो उसे मेयारी तक पहुँचाने की कोशिशों के दरम्याँ जो लिखा गया, उसमें से कुछ ग़ज़लें छाँट-फटककर इस मजमुए में पेश कर रहा हूँ। विनम्रता के साथ यही कहूँगा कि कोई ग़ज़ल या कोई शे'र या कोई मिसरा अगर आपके दिलो-दिमाग़ में जगह बना सका तो मैं इसे अपनी कामयाबी समझूँगा।

कई बार सोचता हूँ कि लिखना क्यों और किसके लिए? ज़ाहिर है एक संवेदनशील व्यक्ति जो सोचता है, जो देखता है, जो उसके साथ होता है, जो वो करता है...इन सबको जब अहसास के साँचे में ढालकर लफ़्ज़ों की शक्ल देता है तो शायद वही रचनात्मकता के दायरे में आ जाता है। मेरे इस मजमुए में कई अश्आर ऐसे हैं जो मेरे अपने भोगे हुए हैं, महसूस किये हुए हैं। साथ ही कई शे'र ऐसे भी हैं जो मैंने दूसरों के माध्यम से महसूस किये हैं। महसूस करने की एक प्रक्रिया यह भी है–कभी ख़ुद के ज़रिए से

भी और कभी दूसरों के ज़रिए से। हमारे अहद में वैसे भी 'परकाया प्रवेशन' की थ्योरी बहुत ज़माने से चली आ रही है।

'वाबस्ता' मजमुआ जब पहली बार 2012 में मंज़रे-आम पर आया तो मैं ख़ुद को लेकर बहुत मुतमइन नहीं था। लेकिन जनाब शीन काफ़ निज़ाम साहब और जनाब अक़ील नोमानी साहब की हौसला अफ़ज़ाई के चलते 'वाबस्ता' आप सबके सामने आ सकी। शुक्रगुज़ार हूँ कि तमाम कच्ची-पक्की ग़ज़लों और नज़्मों को आप सबने भरपूर प्यार दिया। उल्लेखनीय बात यह थी कि इस संकलन के ज़रिए दरबारे-ग़ज़ल में ख़ुद को आख़िरी पायदान पर पाने के बावजूद दिल को तसल्ली बहुत मिली। यह भी बताना ज़रूरी समझता हूँ कि इसी संकलन के लिए मुझे परम्परा अवार्ड 2016, कन्हैया लाल मिश्र प्रभाकर सम्मान 2016, ज़ीशान मक़बूल अवार्ड और उत्तर प्रदेश सरकार का जयशंकर प्रसाद पुरूस्कार 2013 मिला। इसी संकलन की कुछेक ग़ज़लों को लेकर प्रसिद्ध ग़ज़ल गायक श्री रूपकुमार राठौर के साथ सुश्री साधना सरगम, मो. वकील, श्री पंछी जालौनवी ने इसी नाम से एक एलबम भी बनाया। इन सभी हज़रात का जितना भी शुक्रिया अदा करूँ, उतना कम है।

'आहटें' के ज़रिए एक बार फिर आपके दिलो-दिमाग़ पर दस्तक देने की कोशिश की है। पाँच बरस के बाद फिर एक बार ताज़ा ग़ज़लों को लेकर आपके सामने हाज़िर हूँ। अपनी ग़ज़लों का यह मजमुआ आपको सौंपते हुए ख़ुद को ख़ुशक़िस्मत समझ रहा हूँ। ग़ज़ल आज के दौर की सर्वाधिक स्वीकार्य काव्य विधा है। लोग ग़ज़ल पढ़ने में भी दिलचस्पी लेते हैं और सुनने में भी। यह ग़ज़ल का रुतबा है कि हर दौर में साहित्य के पाठकों ने ग़ज़लों के संकलनों को हाथोहाथ लिया है। ग़ज़लों को सुनने और पढ़ने में लोंगों की दिलचस्पी हमेशा से रही है। ग़ज़लों को मुशायरों के ज़रिए जिस लगाव के साथ सुना जाता है, उसी चाव के साथ उन्हें संगीतबद्ध होकर भी सुना जाता है। यह भी हैरत है किसी ग़ज़ल में पाँच-सात या और कितने भी शे'र हों, सब-के-सब आपस में आज़ाद ख़यालों के होते हैं मगर आपस में इस तरह गुँथे होते हैं कि सुनने वाले को यह अहसास तक नहीं होता कि ये शे'र अलग-अलग मूड और शेड के हैं। ग़ज़लों की क़ामयाबी का एक

ज़ाविया यह भी है कि ग़ज़लें आम बोलचाल की सबसे बड़ी संवाहक रही हैं। फ़ारसी, अरबी, उर्दू, हिन्दी, क्षेत्रीय भाषाएँ और आजकल की इंग्लिश, ग़ज़ल इन भाषाई तब्दीलियों को आत्मसात् करती रही और अपने चाहने वालों के सामने नये-नये भाषायी पैरहन में मुख़ातिब होकर इतराती रही है।

मैं शुक्रगुज़ार हूँ उन सबका जिन्होंने मेरे इस मजमुए को साया करने में बहुत बड़ी भूमिका निभाई है। सबसे पहले मैं उस्ताद शायर अक़ील नोमानी और जनाब मुन्तख़ब अहमद नूर साहब का शुक्रिया अदा करूँगा। वाणी प्रकाशन के श्री अरुण माहेश्वरी के स्नेह के बिना यह संकलन आ पाना नामुमकिन था। अपने तमाम दोस्तों के साथ अपनी हमसफ़र अंजू का भी शुक्रिया जिन्होंने इस मजमुए क़े कॉमा, फुलस्टाफ और नुक़्तों को देखने की ज़ेहमत उठाई। इस मजमुए को आप तक पहुँचाने में सहयोगी बने डॉ. सोहराब, भानु प्रकाश, डॉ. शैलेन्द्र कबीर और महाराज सिंह का भी दिली आभार।

आपकी खट्टी-मीठी प्रतिक्रियाओं का तलबगार...।

—पवन कुमार

अनुक्रम

दरिया सहरा बंजर उसके
साहिल और समन्दर उसके

दरपरदा अब कुछ भी नहीं है
यकसाँ[1] अन्दर-बाहर उसके

जो कुछ फैला है सब उसका
सब कुछ सिमटा अन्दर उसके

जिसको चाहे पार लगाये
मौजें[2] उसकी लंगर उसके

हर दिन उसके नाम से रौशन
अज़ल[3] उसी से महशर[4] उसके

ढूँढ़ने से वो नहीं मिला है
नक़्श मिले हैं अकसर उसके

कितने रंग समेटे है वो
ख़ून उसका है नश्तर[5] उसके

---

1. एक जैसा, 2. लहरें, 3. मौत, 4. प्रलय, 5. चाकू।

जिसको चाहे छीन ले हमसे
आँखें उसकी मंज़र उसके

मैं बस तनहा एक पियादा[1]
मैदाँ उसके लश्कर उसके

उसके लफ़्ज़ हैं उसके म'आनी
हर्फ़ भी उसके आखर उसके

हर लम्हे में उससे लज़्ज़त[2]
पैमाने और साग़र उसके

वही उजाले फैलाता है
दीप जले हैं घर-घर उसके

जिसको चाहो गले लगाओ
फूल उसके हैं पत्थर उसके

वो चाहे जिस भेस में आये
आगे झुकता है सर उसके

---

1. पैदल सिपाही, 2. आनन्द।

धीरे-धीरे दर्द फ़ना[1] हो जाता है
धीरे-धीरे जी हल्का हो जाता है

धीरे-धीरे ज़ख़्म फ़िज़ा के भरते हैं
धीरे-धीरे रंग हरा हो जाता है

धीरे-धीरे पकने लगता है सूरज
धीरे-धीरे दिन पीला हो जाता है

धीरे-धीरे आँख समन्दर होती है
धीरे-धीरे दिल सहरा हो जाता है

धीरे-धीरे मौसम रंग बदलते हैं
धीरे-धीरे क्या से क्या हो जाता है

धीरे-धीरे लगती जाती हैं चोटें
धीरे-धीरे दिल पक्का हो जाता है

धीरे-धीरे मैं खिड़की-सा खुलता हूँ
धीरे-धीरे वो परदा हो जाता है

धीरे-धीरे ग़म क़ाग़ज पर लिखता हूँ
धीरे-धीरे इक नग़मा हो जाता है

---

1. समाप्त हो जाना (यह ग़ज़ल सुप्रसिद्ध गायक श्री रूपकुमार राठौर द्वारा 'वाबस्ता' एलबम के लिए स्वरबद्ध की गयी है।)

धूप में नहाए थे रोशनी के पहरे थे
फिर भी उन दरख़्तों[1] के साए कितने गहरे थे

देखता रहा मुझको आईना भी हैरत से
आज मेरे चेहरे में जज़्ब[2] कितने चेहरे थे

वक़्त-ए- क़त्ल चीख़ा मैं कोई कुछ नहीं बोला
लोग मेरी बस्ती के गूँगे और बहरे थे

इन दिनों तो ख़ुशियों के रंग भी हैं अफ़सुर्दा[3]
उन दिनों उदासी के रंग भी सुनहरे थे

मैं वो एक शाहज़ादा जिसकी इक हवेली थी
और उस हवेली के चार सिम्त[4] पहरे थे

वक़्त ने बदन अपना कर दिया है शल[5] वरना
हम भी तेरी उम्रों में शाद[6] थे छरहरे थे

इश्क़ वो लड़कपन का क्या ही लुत्फ़ देता था
शब-बरात[7] थीं रातें और दिन दशहरे थे

आप जिस इलाक़े में एक पल न रह पाये
हम उसी इलाक़े में एक उम्र ठहरे थे

---

1. पेड़ों, 2. समाहित, 3. शोकमय, 4. दिशा, 5. शिथिल, 6. प्रसन्न, 7. स्वतन्त्रता की हसीन रात।

बिताने वक़्त अपना कुछ अक़ीदत की पनाहों में
बदल के भेस आते हैं फ़रिश्ते ख़ानक़ाहों में

फ़लक भी पार कर सकती हैं तेरे दिल की आवाज़ें,
मगर शिद्दत भी होनी चाहिए कुछ तेरी आहों में

मैं अपने हक़ में कुछ भी बोलता सब बेमआनी था
मिरे अहबाब[1] शामिल थे मुख़ालिफ़ के गवाहों में

अब इक छोटी-सी लग़्ज़िश पर हमारा दिल लरज़ता है
मियाँ इक दौर था जब लुत्फ़ आता था गुनाहों में

मिला देती है मिट्टी में रिआया अज़मतें सारी
तकब्बुर[3] हद से बढ़ जाता है जब भी बादशाहों में

अभी उस बारगह-ए-हुस्न[4] तक जाना नहीं मुमकिन
रसाई और पैदा कीजिए अपनी निगाहों में

'पवन' उस बेवफ़ा को तुम नज़र अन्दाज़ कर देना
कभी शामिल रहा है जो तुम्हारे ख़ैर-ख़्वाहों में

---

1. मित्र, 2. ग़लती, 3. घमण्ड, 4. सौन्दर्य के दरबार।

ये बात भी दबा ली गयी दिल्लगी के बीच
महफ़िल में चीख़ उठा था कोई ख़ामुशी के बीच

हासिल हुआ जो हमको समन्दर तो क्या हुआ
जारी है जंग पानी के और तिश्नगी[1] के बीच

मंज़िल तलक जो जायेंगे ऐसे भी रास्ते
हमको ही ढूँढ़ने हैं इसी गुमरही[2] के बीच

फिर भी सहर का नामोनिशाँ तक नहीं मिला
शम्अएँ[3] तमाम बुझ भी गयीं तीरगी[4] के बीच

दो कश्तियों में रहने का अहसास हर घड़ी
आसाँ सुख़नवरी[5] है कहाँ नौकरी के बीच

रहमत में उसकी फिर भी तवक़्क़ुफ़[6] नहीं हुआ
हाँ मैंने उसको याद किया त्रासदी के बीच

---

1. प्यास, 2. रास्ता भूल जाना, 3. मोमबत्तियाँ, 4. अँधेरा, 5. शायरी करना, 6. विलम्ब।

हैरत है जिन्हें मेरी तरक़्क़ी पे जलन भी
हैं उनमें नये दोस्त भी याराने-कुहन[1] भी

होती थी कभी महफ़िले-अहबाब[2] में रौनक़
तारी है वहाँ अब तो उदासी भी घुटन भी

साथ उसका निभाता हूँ तो ये मेरा हुनर है
जो शख़्स ब-यक-वक़्त[3] है पानी भी अगन भी

हँसते हुए चेहरे पे भी आती है उदासी
है चाँद की तक़दीर में थोड़ा-सा गहन भी

मंज़िल के लिए मुझको मिले हैं जो शरारे[4]
शामिल है उन्हीं में मेरे पैरों की थकन भी

बेनाम से कुछ दर्द यहाँ ठहरे हुए हैं
है एक सराय की तरह अपना बदन भी

अब तर्के-तअल्लुक़[5] का असर दोनों तरफ़ है
शर्मिंदा जो तू है तो पशेमाँ[6] है 'पवन' भी

---

1. पुराने दोस्त, 2. दोस्तों की गोष्ठी, 3. एक ही समय में, 4. आग के टुकड़े, 5. सम्बन्ध, टूटना, 6. लज्जित।

तुमको सोचा तीरगी[1] में देर तक
मैं नहाया रौशनी में देर तक

धूप में रहना था सारा दिन हमें
कैसे रहते चाँदनी में देर तक

चीख़ घुटकर रह गयी दिल में मगर
शोर गूँजा ख़ामुशी में देर तक

फिर मुझे आवाज़ दी इक शख़्स ने
फिर मैं ठहरा उस गली में देर तक

ग़र्क़ हो जाने से पहले कश्तियाँ[2]
लड़खड़ाई थीं नदी में देर तक

लोग क्या समझेंगे ये सोचे बग़ैर
हम भी चिल्लाये ख़ुशी में देर तक

अपना ग़म देकर वो रुख़सत हो गया
दिल मेरा रोया ख़ुशी में देर तक

ख़ुद से मिलने के जतन में ऐ 'पवन'
मैं रहा बेरब्तगी[3] में देर तक

1.अँधेरा, 2. नाव, 3. दूर।

किसी ने रखा है बाज़ार में सजा के मुझे
कोई ख़रीद ले क़ीमत मेरी चुका के मुझे

हैं मेरे लफ्ज़ों को मुझसे मुनासिबत कितनी
मैं कैसा नग़मा[1] हूँ पहचान गुनगुना के मुझे

मैं ऐसी शाख़ हूँ जिस पर न फूल पत्ते हैं
तू देख लेता कभी काश मुस्कुरा के मुझे

कड़ी है धूप तो सूरज से क्या गिला कीजे
यहाँ तो चाँद भी पेश आया तमतमा के मुझे

उसी की याद के बर्तन बनाये जाता हूँ
वही जो छोड़ गया चाक पर घुमा के मुझे

उसे भी वक़्त कभी आईना दिखायेगा
वो आज ख़ुश है बहुत आईना दिखा के मुझे

क़सीदे[2]-पढ़ता हूँ मैं उसकी दिलनवाज़ी[3] के
ज़लील[4] करता है अकसर जो घर बुला के मुझे

1. गीत, 2. गीत, 3. दिल को बहलाना, 4. अपमानित।

बदन भी [illegible] है माथे पे भी पसीना है
बड़ा [illegible]जीब [illegible]म्बर का ये महीना है

तुम्हारी याद की लय पर ही साँस चलती है
हमारे दिल के धड़कने का यह क़रीना है

मेरा वजूद किसी एक दस्तरस[1] में नहीं
हर इक ने झपटा है मुझको हर एक ने छीना है

हर एक लम्हा हमें लग रहा है सदियों-सा
अँधेरी रात है सावन का ये महीना है

न चाहकर भी तो जीना है ज़िन्दगी हमको
ये ज़हर ही सही ये ज़हर हमको पीना है

कोई गुरेज़[2] नहीं तेरी बेवफ़ाई से
कि तेरे दर्द की ख़ातिर ही मेरा सीना है

---

1. पहुँच, 2. परहेज़।

जमीं को नाप चुका आसमान बाक़ी है
अभी परिन्दे[1] के अन्दर उड़ान बाक़ी है

बधाई तुमको कि पहुँचे तो इस बुलन्दी पर
मगर ये ध्यान भी रखना ढलान बाक़ी है

मैं अपनी नींद से क़िस्तें चुकाऊँगा कब तक
तुम्हारी याद का कितना लगान बाक़ी है

मैं एक मोम का बुत हूँ तू धूप का चेहरा
बचेगी किसकी अना इम्तहान बाक़ी है

मुझे यक़ीन है हो जाऊँगा बरी इक दिन
मेरे बचाव में उसका बयान बाक़ी है

ये बात कह न दे सैलाब से कोई जाकर
तमाम शहर में मेरा मकान बाक़ी है

अभी तो चुप हूँ मगर दास्ताँ[2] सुनाऊँगा
अभी तो मुँह में हमारे ज़बान बाक़ी है

---

1. पक्षी, 2. कहानी।

दर्द दब जाये किसी तौर न आँसू आये
जज़्बा-ए-दिल[1] पे बता किस तरह क़ाबू आये

तीरगी[2] उनको मिटाने पे कमरबस्ता[3] थी
फिर भी जंगल में चमकते हुए जुगनू आये

दिल के सहरा में बहुत तेज कुलाँचे भरते
शाम होते ही तेरी यादों के आहू[4] आये

तेरे अहसास में डूबूँ तो महक जाये दिमाग़
तुझको सोचूँ तो मेरे जिस्म से ख़ुशबू आये

ऐ ख़ुदा ख़ैर, सलामत रहे गरदन मेरी
मेरे काँधे पे फिर इक शख़्स के बाज़ू आये

कुछ तो हो ऐसा मिरे दोस्त कि ये रात कटे
चैन बीमार के दिल को किसी पहलू आये

1. हृदय की संवेदनाएँ, 2. अँधेरा, 3. प्रयत्नशील, 4. हिरन।

नज़रें जमाये बैठा हूँ मंज़र[1] पे देर से
एक चाँद झाँकता है गली में मुँडेर से

मैं अपनी जीत-हार की परवा किये बग़ैर
करता रहा मुक़ाबला आराई शेर से

अहसान गुलसिताँ[2] का रहेगा तमाम उम्र
शायद निकल न पाऊँ मैं ख़ुशबू के घेर से

फिर और लुत्फ़ आपको जीने में आयेगा
लम्हा तलाश कीजिये सदियों के ढेर से

ये राज़ पूछना है जज़ीरे से मुझको आज
वो किस तरह बचा है समन्दर के फेर से

अब सीधी राह मुझको मेरे रहनुमा[3] दिखा
दिल तंग आ गया है मिरा हेर-फेर से

1. दृश्य, 2. फूलों का बगीचा, 3. पथ-प्रदर्शक।

मिरी तलाश में बरसों से यह जमाना था
किसी के जज़्बा-ए-दिल[1] में मिरा ठिकाना था

मिला न पानी तो तेज़ाब पी लिया हमने
बला की प्यास थी हर हाल में बुझाना था

उस एक जंग का अंजाम सबको था मालूम
इधर खड़े थे अकेले उधर ज़माना था

लगा सकी न ज़हानत[2] हमारीं अन्दाज़ा
कमअक़्ल जिसको समझती थी वो सयाना था

शजर गिरा है जो इस बार तेज़ बारिश में
किसी परिन्दे का उस पर भी आशियाना[3] था

वो धूप है कि घनी छाँव, ये समझने को
ख़ुद उसके साथ सफ़र करके आज़माना था

---

1. हृदय की भावना, 2. बुद्धि, 3. घोंसला।

आशना[1] होकर भी उसने मुझको पहचाना न था
उसके इस बर्ताव का कुछ मुझको अन्दाज़ा न था

ऐसे इक तपते सफ़र की दास्ताँ थी ज़िन्दगी
धूप थी साये में लेकिन धूप में साया न था

क्या कहूँ तुझसे बिछड़कर ज़िन्दगी कैसे कटी
हरकतें करती थी साँसें और मैं ज़िन्दा न था

गिर गया क्यूँ यक-ब-यक[2] तारा ज़मीं पर टूटकर
आसमाँ देखा था मैंने और कुछ माँगा न था

हमज़बाँ सब थे नदारद भीड़ के इस शहर में
गिर्द मेरे बिल्डिंगें थीं कोई हमसाया[3] न था

फिर भी उस रिश्ते को मैंने टूटकर चाहा 'पवन'
वो कि जिस रिश्ते से मेरा कोई भी नाता न था

1. परिचित, 2. अचानक, 3. पड़ोसी।

जुनूँ में रेत को यूँ ही नहीं निचोड़ा था
किसी की प्यास ज़ियादा थी पानी थोड़ा था

फिर उसके बाद तो आँखों से नींद ग़ायब थी
किसी ख़याल ने अहसास को झिंझोड़ा था

तमाम उम्र भटकते रहे थे वहशत[1] में
बस एक मर्तबा हमने हिसार[2] तोड़ा था

वजूद रखना था अपनी शिनाख़्त खोकर भी
नदी ने ख़ुद को समन्दर की सिम्त[3] मोड़ा था

ये मुश्किलात इसी राह में न आनी थीं
मैं जो भी रास्ता चुनता उसी में रोड़ा था

वो एक 'आह' अभी तक सुनाई पड़ती है
कभी किसी ने किसी बाँह को मरोड़ा था

बिखर गये थे मेरे गिर्द दर्द के सिक्के
तुम्हारी याद की गुल्लक को रात तोड़ा था

---

1. घबराहट, 2. घेरा, 3. दिशा।

अधूरी ज़िन्दगी है
हर इक शै में कमी है

ख़ुद अपना हूँ मुख़ालिफ़[1]
अजब रस्साकशी है

मेरी आँखों के अन्दर
कोई सूखी नदी है

किसी का मुन्तज़िर[2] हूँ
घड़ी बिगड़ी पड़ी है

समाअत[3] के लिए अब
सितमगर ख़ामुशी है

क़ज़ा[4] भी ज़िन्दगी के
बहाने ढूँढ़ती है

किसी की बन्दगी भी
किसी की नाखुशी है

---

1. दुश्मन, 2. प्रतीक्षा करना, 3. सुनने की प्रक्रिया, 4. मौत।

शाम हुई दफ़्तर से निकला
आख़िर चिड़ियाघर से निकला

मेरी चोटों का रिश्ता क्या
फिर उसके पत्थर से निकला

पड़ी रह गयीं फ़क़त सिलवटें
जिस्म कोई बिस्तर से निकला

धूप हवा बादल से लड़ने
इक पौदा बंजर से निकला

अपनी ही आवाज़ें सुनकर
मैं अपने अन्दर से निकला

तैय्यारे[1] जैसा इक साया
अभी मिरे ऊपर से निकला

---

1. हवाई जहाज़।

किसी सुराग़ से कमरे में नूर[1] उतरेगा
ज़रूर अँधेरों का इक दिन ग़ुरूर उतरेगा

ख़फ़ा है मुझसे तो उसको ख़फ़ा ही रहने दो
मिलूँगा उससे तो ग़ुस्सा ज़रूर उतरेगा

पता चलेगा तभी क्या गवाँ दिया तुमने
तुम्हारे सर से जब उसका फ़ितूर उतरेगा

बस इन्तज़ार में रह जायेगी वो शहज़ादी
उड़नखटोला कहीं जा के दूर उतरेगा

चमक उठेगा ये पानी भी चाँदनी की तरह
ये चाँद दरिया में जब चूर-चूर उतरेगा

किये पे अपने तू पछतायेगा बहरसूरत
खरा कसौटी पे जब बेक़सूर उतरेगा

1. प्रकाश।

कल जो किया था फिर वैसा ही आज किया
शाम की ख़ातिर पूरा दिन ताराज किया

दिल की रगों में टीस की लज़्ज़त और बढ़ी
दर्द को मैंने दवा का जब मोहताज किया

दिल की इस जागीर को किसका होना था
दिल की इस जागीर पे किसने राज किया

तुमको क्या मालूम तुम्हारे ख़्वाबों ने
नीलम जैसी आँखों को पुखराज[1] किया

हमने हुकूमत ख़ाक में मिलते देखी है
वक़्त ने अच्छे-अच्छों को बेताज किया

1. रत्न।

हमारी आपसे यारी बहुत है
तबाही को ये बीमारी बहुत है

नयी नस्लों में हुशियारी बहुत है
मुहब्बत कम अदाकारी बहुत है

हुआ अहसास इस दुनिया में रहकर
यहाँ रहने में दुश्वारी[1] बहुत है

सफर में हैं वही पीछे कि जिनको
जुनून-ए-तेज तेज़ रफ़्तारी बहुत है

जलाने के लिए सारे जहाँ को
बस इक नफ़रत की चिंगारी बहुत है

मिरी हालत पे तुम हँसते नहीं हो
तुम्हारी ये अज़ादारी[2] बहुत है

ये बेहतर है खुली आँखों से देखूँ
तुम्हारा ख़्वाब मेयारी[3] बहुत है

---

1. कठिनाई, 2. सांत्वना, 3. स्तरीय।

हमें भी चाहिए मोहतात रहना
नशा इक हम पे भी तारी[1] बहुत है

ये काग़ज़ भी उड़ा कब चाहते हैं
ये पेपर वेट भी भारी बहुत है

1. छा जाना।

नये मौसम में ढलकर देखना था
हमें ख़ुद को बदलकर देखना था

बला की ख़ूबसूरत है ये दुनिया
इसे घर से निकलकर देखना था

बहुत मुमकिन था रस्ते रास आते
हमें कुछ दूर चलकर देखना था

हम अपने आपसे उकता गये हैं
हमें ख़ुद से निकलकर देखना था

इन आँखों को ग़लत लत लग गयी है
हसीं मंज़र सँभलकर देखना था

बुतों पर तब्सिरा[1] करने से पहले
तुम्हें पत्थर में ढलकर देखना था

---

1. समीक्षा।

पलकें तनहा एक ओर हैं एक ओर हैं ख़्वाब अलग
जैसे दरिया एक सिम्त[1] हो एक सिम्त हो आब अलग

बंजर धरती को नम कर दो यही तवक़्क़ो[2] है तुमसे
शहर बहा ले जाते होंगे वो होंगे सैलाब अलग

तासीरों[3] में फ़र्क़ नहीं है मैंने पीकर देखे हैं
रखने को तो रख छोड़ा है आब[4] अलग तेज़ाब अलग

फिर भी वहाँ तक वक़्ते-ज़रूरत आना-जाना रहता है
इक कमरे में मैं रहता हूँ एक में है असबाब[5] अलग

हवा चली तक़सीम[6] हो गये रंग-बिरंगे पत्ते भी
ज़र्द पत्तियाँ अलग हुईं सब और हुईं शादाब[7] अलग

पहले आप कहा करते थे वो मेरे हैं मैं उनका
दुःख आते ही हुए पवन 'जी' आप अलग अहबाब[8] अलग

---

1. ओर, 2. उम्मीद, 3. प्रभाव, 4. पानी, 5. साधन, 6. बाँटना/विभाजित होना, 7. हरा, 8. मित्र।

कहीं दरिया[1] नहीं होता कहीं सहरा नहीं होता
ज़रूरत पर हमारी कोई भी अपना नहीं होता

कहानी ख़त्म हो जाती कोई सदमा नहीं होता
बिछड़ते वक़्त वो छुपकर अगर रोया नहीं होता

बताओ कौन-सी शै की कमी है मेरे पैकर में
मुझे समझाओ मेरा अक्स क्यूँ मुझसा नहीं होता

तुम्हारी याद के साये में यूँ हर वक़्त रहता हूँ
मैं तनहा रह भी जाऊँ तो कभी तनहा नहीं होता

मुहब्बत में यही नज़्ज़ारगी[2] तो लुत्फ़[3] देती है
कोई खिड़की नहीं होती कोई परदा नहीं होता

तसल्ली और दिलासे सब-के-सब बेकार जाते हैं
न जाने किस तरह बिखरा हूँ मैं यकजा[4] नहीं होता

उसे तुम धूप में, बरसात में, कोहरे में रख देखो
'पवन' वो आईना है जो कभी धुँधला नहीं होता

---

1. नदी, 2. दृश्य, 3. आनन्द, 4. एकत्र।

अजीब-ओ-ग़रीब उसका किरदार है
वो ज़ाहिर है लेकिन पुरअसरार[1] है

वो जो अपने पैरों से बेकार है
हमें रहबरी[2] उसकी दरकार है

बहुत ख़ूबसूरत इमारत है ये
मगर इसमें इक शहर मिस्मार[3] है

असर अब दवाओं का जाता रहा
ये दिल अब दुआ का तलबगार है

उखड़ने लगे जड़ से कितने दरख़्त
ये बाद-ए-हबा तेज़-तर्रार है

ज़रा हाल आया कि माज़ी बना
ज़माना बहुत तेज़ रफ़्तार है

मुहब्बत का जब से पढ़ा है सबक़
ये लगता है जेहन अपना बेकार है

1. छुपा हुआ, 2. मार्गदर्शन, 3. टूटा हुआ।

कहीं तो इन्तिहा भी हो किसी के इन्तिजार की
जियेगें और कब तलक ये ज़िन्दगी उधार की

मिलेगी फ़त्ह[1] या शिकस्त[2] वक़्त ही बतायेगा
मैं लड़ रहा हूँ ज़िन्दगी से जंग आर-पार की

भटक रहे थे मुद्दतों[3] से हम भी जिस्मो-जाँ लिए
उसे भी एक उम्र से तलाश थी शिकार की

समझ सके न हम कभी किसी की बेयक़ीनियाँ
भरी हुई थी आँख में तो धूल एतबार की

जूनूँ हुआ, तड़प हुई, ख़लिश हुई कि ग़म हुआ
ये दौलतें हैं इश्क़ की ये नेमतें है प्यार की

क़दम मिरे जमे हुए हैं एक ही मुक़ाम पर
वो खेंचकर चला गया लकीर यूँ हिसार[4] की

उसे किसी की तरह क्यों बता रहे हो ऐ 'पवन'
मिसाल ढूँढ़ते हो क्यों ख़ुदा के शाहकार[5] की

---

1. जीत, 2. हार, 3. युग, 4. घेरा, 5. अनुपम कृति।

उतारकर उदासियों का पैरहन[1] कभी कभी
किया करो शरारतों को ज़ेबतन[2] कभी कभी

उतर रहा हूँ दर्द बन के आज पोर-पोर में
के लाज़िमी[3] है जिस्म के लिए थकन कभी-कभी

कभी-कभी ख़याल उसका यक-ब-यक ही आ गया
सजायी दिल ने ख़लवतों[4] में अंजुमन[5] कभी-कभी

मेरे दिलो-दिमाग़ ही में द़न हो के रह गया
लबों तलक न आ सका मिरा सुख़न कभी कभी

यहाँ के लोग ताकि मुझको मसख़रा[6] समझ न लें
जबीं पे रहनी चाहिए कोई शिकन कभी कभी

है आशिक़ी में लज़्ज़ते-बयान[7] दोनों तौर से
शरारतन कभी-कभी शिकायतन कभी कभी

दिया है उसने मशवरा मुझे कि अपने आपसे
ख़ुद अपना हाले-दिल भी तो सुनो 'पवन' कभी-कभी

---

1. लिबास, 2. पहनना, 3. आवश्यक, 4. महफ़िल, 5. तन्हाई, 6. हँसी का पात्र, 7. बात करने का मज़ा।

फ़िक्र थी जुदा उनकी मुख़्तलिफ़[1] नज़रिया था
फिर भी एक करिश्मा था
दरम्यान दोनों के इक महीन धागा था
जिसने बाँध रखा था

उस तवील सहरा को पानियों की चाहत थी
ये तो सबने समझा था
कौन ये समझ पाया वो जो एक दरिया था
मुद्दतों से प्यासा था

मुब्तिला[2] था वो ख़ुद में कुछ नहीं सुना उसने
तब यक़ीं हुआ मुझको
था कुसूर मेरा ही क्यूँ उसे पुकारा था
शोर जब ज़ियादा था

मुश्किलों से लड़कर हम बाद एक मुद्दत के
मंज़िलों पे पहुँचे तो
यक-ब-यक[3] ख़यालों में उसका नाम कौंधा था
राह में जो बिछड़ा था

दोस्तों की महफ़िल में सबके अपने
क़िस्से थे और सब मुकम्मल थे
रतजगे के आलम में वो जो मेरा क़िस्सा था
बस वही अधूरा था

1. अलग, 2. आत्ममुग्ध, 3. अचानक।

जिसको तुम कह रहे हो हिचकी है
टीस है ग़म की, दिल से निकली है

मैं सियाह शब[1] हूँ कैसे चमकूँगा
वो तो कौंधेगी वो तो बिजली है

आ गया है बहार का मौसम
बेसमर फिर भी एक टहनी है

कैसे कह दूँ मैं उसको घर, जिसमें
बामो-दर हैं न कोई खिड़की है

मेरे क़ातिल ज़रा करम मुझ पर
मुझको मरने की थोड़ी जल्दी है

फ़र्क़ होता है पानी पानी में
इक समन्दर है एक नदी है

मेरी कमियों पे मेरी झूठी दलील
आँख झपका के उसने रद की है

1. अँधेरी रात।

इस ज़माने को हवा का रूख़ बताने के लिए
कुछ-न-कुछ तो चाहिए आखिर उड़ाने के लिए

कुछ भी वो अपनी तरक़्क़ी के लिए करता नहीं
कोशिशें करता है बस मुझको घटाने के लिए

ख़्वाहिशें, बेताबियाँ, चाहत, वफ़ा, बेदारियाँ[1]
ये हैं ईंधन ज़िन्दगी के कारख़ाने के लिए

ऐ मुहब्बत! कशमकश[2] में पड़ गया है दिल मेरा
तू छुपाने के लिए है या जताने के लिए

कर चुके पामाल[3] धरती को न जाने कितनी बार
रह गया अब आसमाँ सर पर उठाने के लिए

हिज्र[4] की इन सर्दियों में हमने अकसर यूँ किया
धूप में बैठे तेरी यादें सुखाने के लिए

---

1. सावधानी, 2. उलझन, 3. क्षतिग्रस्त 4. विछोह।

कमी कोई मंज़र में है या नज़र में
अँधेरा-सा छाने लगा दोपहर में

है इस बात की भी मुझे फ़िक्र लाहक़
मुकम्मल[1] न हो जाऊँ अपने हुनर में

मुझे उसके दामन की हसरत है अब भी
बहुत कुछ बचा है अभी चश्म-ए-तर[2] में

हमारी भी अब बात सुनता नहीं है
ये दिल आ गया है किसी के असर में

हर इक पल किसी हादसे का है ख़द्शा[3]
हर इक पल गुज़रता है ख़ौफ़ो-ख़तर में

शिकस्ता[4] है चेहरा थकन पाओं में है
मैं घर पे भी रहते हुए हूँ सफ़र में

'पवन' जितनी शिद्दत[5] से चमकेगा सूरज
घना उस क़दर होगा साया शजर में

---

1. पूर्ण, 2. अश्रु भीगे नयन, 3. डर, 4. चूर-चूर, 5. तेज़ी।

पल दो पल का जलवा है ये हर नज़ारा[1] जाने है
जाने न जाने गुल ही न जाने बाग़ तो सारा जाने है

कारोबार-ए-इश्क़ में तूने ख़ुद को लगाया ठीक किया
लेकिन इसमें क्या है मुनाफ़ा क्या है ख़सारा[2] जाने है

है ये हमारी दानायी[3] या ज़र्रा नवाज़ी[4] है उसकी
इतनी बुलन्दी पर रहकर वो नाम हमारा जाने है

बिखर गया है अक्स तो लेकिन इतना है मालूम मुझे
मेरी सूरत आईने का पारा-पारा[5] जाने है

वो तो तमाशाई हैं वो क्या जद्दोजहद[6] को समझेंगे
तूफ़ानों में ज़ोर है कितना सिर्फ़ किनारा जाने है

ख़्वाब सिरहाने रखकर मैंने कैसे काटी पिछली रात
या तो बिस्तर जाने है या सुब्ह का तारा जाने है

---

1. दृश्य, 2. नुक़सान, 3. बुद्धिमानी, 4. अनुकम्पा, 5. टुकड़ा-टुकड़ा, 6. संघर्ष।

(यह ग़ज़ल उस्ताद शाइर मीर तक़ी 'मीर' के मक़बूल मिसरे "जाने न जाने गुल ही न जाने बाग़ तो सारा जाने है" पर आधारित है।)

महफ़िल में तो बैठा हूँ
लेकिन ख़ुद में तनहा हूँ

मुझमें कोई ऐब तो है
सब कहते हैं अच्छा हूँ

है जिसमें दीवार न छत
ऐसे घर में रहता हूँ

इक मुद्दत से ख़ुश्क थीं जो
उन आँखों से टपका हूँ

कब से ग़र्क़[1] हूँ दरिया में
लेकिन अब तक प्यासा हूँ

पड़ा हुआ हूँ धरती पर
वैसे एक सितारा हूँ

नहीं कही हैं उसने जो
वो बातें भी सुनता हूँ

---

1. डूबा हुआ।

रूह कहीं थी जिस्म कहीं था
हिज्र[1] में जीना खेल नहीं था

ढूँढ़ रहा हूँ उस लम्हे को
अभी-अभी जो यहीं कहीं था

बेचारा बदक़िस्मत पंछी
जहाँ पे बैठा जाल वहीं था

दस्तक जानी-पहचानी थी
दर खोला तो कोई नहीं था

दिल की कश्ती इश्क़ का दरिया
पार करेगी किसे यक़ीं था

छुपा हुआ तारीख़[2] की तह में
कोई ख़ज़ाना ज़ेरे ज़मीं[3] था

फूल से लिपटी थी इक तितली
बाग़ का मंज़र[4] बहुत हसीं था

---

1. वियोग 2. इतिहास 3. ज़मीन के नीचे, 4. दृश्य।

अगर हम भी ज़रा चालाक होते
यक़ीनन साहिबे-ए-इदराक[1] होते

बचाता कौन इनको टूटने से
जो ये रिश्ते ज़रा बेबाक होते

उठाते लज़्ज़तें सब इश्क़ की हम
कभी हँसते कभी नमनाक[2] होते

फ़ना[3] करके किसी दिन जिस्म अपना
तुम्हारी रूह की पोशाक होते

तो हम भी सौंप देते अश्क उनको
अगर दामन यहाँ कुछ पाक होते

जो सारी उम्र का हासिल है उसको
लगेगा वक़्त कितना ख़ाक होते

---

1. बुद्धिजीवी, 2. दुःखी, 3. समाप्त।

हासिल नहीं है कुछ भी एक-दूसरे से कट के
ये सोचते हैं साहिल[1] दरियाओं से लिपट के

मंज़िल की जुस्तजू[2] में इक उम्र हम यूँ भटके
कभी कारवाँ में शामिल कभी कारवाँ से हट के

नाराज़ है वो मुझसे फिर भी यक़ीं है मुझको
आवाज़ जब भी दूँगा आ जायेगा पलट के

ग़ायब हुई है रंगत ख़ुशबू भी दर-ब-दर है
बरबाद हो गये हैं शाख़ों से फूल कट के

है खेल ज़िन्दगी का जैसे कि साँप-सीढ़ी
निन्यानवे से नौ पर आ जाओगे रपट के

अपनी ही शक्ल से जब बेरब्तगी[3] हुई तो
मैंने भी रख दिया फिर हर आईना उलट के

दुनिया है कितनी छोटी ये इल्म भी हुआ तब
जब रह गया मैं ख़ुद के अहसास में सिमट के

---

1. किनारा, 2. खोज, 3. सम्पर्कहीनता।

इस क़दर इश्क़ नामुनासिब है
दुनियादारी भी थोड़ी वाजिब है

ज़ेहन-ओ-दिल में पता नहीं चलता
कौन मग़लूब[1] कौन ग़ालिब[2] है

दुनिया करती है जुस्तजू[3] जिसकी
आजकल वो हमारा तालिब[4] है

बेवफ़ाई तो देखिए साहिब
दिल है मेरा और उसकी जानिब है

अक्स पानी में देखने के लिए
चाँद दरिया की सिम्त राग़िब[5] है

इन्तिहा ये सुलग उठा दामन
और आँखों से पानी ग़ाइब है

---

1. परास्त, 2. छा जाने वाला, 3. तलाश, 4. माँगने वाला, 5. आकर्षित आहटें।

आहटें

अकेलेपन के बियाबाँ तवील[1] जंगल में
ये आहटें-सी जो महसूस होती रहती हैं
कभी ख़याल कभी दिल कभी नज़र के क़रीब
समाअतों[2] से यह मानूस होती रहती हैं

ये बाज़गश्त हैं मुझमें कि हैं बज़ाहिर ये
इन आहटों से मेरी रूह तक मचलती है
ये आहटें जो कभी थामती हैं साँसों को
बग़ैर इनके कहाँ नब्ज़ दिल की चलती है

कभी सुना के मुझे लोरियाँ-सी कानों में
कभी नवा-ए-शिकस्ता[3] में बुदबुदाती हैं
ये आहटें भी शरारत से बाज़ आयें कब
बजा के घण्टियाँ कानों में भाग जाती हैं

मुझे अकेले में तनहा ये छोड़ती कब हैं
ये आहटें ही तो तनहाइयों की साथी हैं
ये आहटें हैं अँधेरे में जैसे रोशनदान
जो मेरे ज़हन में हर वक़्त जगमगाती हैं

1. विस्तृत, 2. सुनने की शक्ति, 3. टूटी हुई आवाज़।

इन आहटों के मेरी रूह से मरासिम[1] हैं
सुना है इनके इशारे पे दिल धड़कता है
नज़र उठा के हरेक सिम्त[2] ढूँढ़ता हूँ किसे
ये किसके ख्वाब में अहसास-ए-ग़म फड़कता है

बताऊँ कैसे कि ये आफ़ताब[3] आहट का
हर एक शाम जो ढलता सहर[4] में खिलता है
इन आहटों के समन्दर में ग़र्क़ होकर मैं
करूँ तलाश तो अपना वजूद मिलता है

इन आहटों से ही होता है ज़िन्दगी का क़यास
ये आहटें ही मेरे जीने का वसीला हैं
है इज़्तिराब[5] इन्हीं से इन्हीं से सब्र-ओ-करार
बताऊँ मेरे लिए आहटें ये क्या-क्या हैं

ये आहटें जो न हों तो है क़ायनात[6] तमाम[7]
इन आहटों से ही क़ायम है धड़कनों का निज़ाम
अपने होने का अहसास है आहटें
इन आहटों का ही दरअस्ल ज़िन्दगी है नाम

---

1. सम्बन्ध, 2. दिशा, 3. चाँद, 4. सुबह, 5. बेचैनी, 6. दुनिया, 7. समाप्त।

ज़रा-सी बात पर यूँ ख़ुद को अफ़सुर्दा[1] नहीं करते
खिलौना टूट भी जाये तो दिल छोटा नहीं करते

उसे दरिया नहीं कहते जो लगता है हमें कतरा
बराए-मसलेहत[2] हम कोई समझौता नहीं करते

अगर दिल को हमारे एतबार आ जाये रिश्तों पर
तो फिर हम दरमियाँ हाइल[3] कोई परदा नहीं करते

अभी तो इस कहानी में नया किरदार आयेगा
सो अपने नाम पर हम ख़त्म ये ख़ुत्बा[4] नहीं करते

ये माना ख़ूबतर[5] करना है मुस्तक़बिल[6] को माज़ी[7] से
मगर इसके लिए हम हाल[8] को रुसवा नहीं करते

तू सब कुछ बाँट ले तस्वीर माँ की छोड़कर भाई
कि ये इक ऐसी दौलत है जिसे बाँटा नहीं करते

ज़रा-सी भूल से यारो चटक सकता है आईना
मुक़ाबिल[9] आईने के मुज़महिल[10] चेहरा नहीं करते

1. शोकग्रस्त, 2. किसी उद्देश्य के कारण, 3. बाधा, 4. प्रवचन, 5. श्रेष्ठ, 6. भविष्य, 7. भूतकाल, 8. वर्तमान, 9. सामने, 10. क्षतिग्रस्त।

कलेजा [illegible] या उस वक़्त फटकर
कहा जब अलविदा उसने पलटकर

मुहब्बत को नया ग़म दे गया है
तुम्हारी आँख का आँसू रपटकर

तसल्ली किस तरह देता उसे फिर
मैं ख़ुद ही रो पड़ा उससे लिपटकर

अकेला रह गया हूँ कारवाँ में
कहाँ तक आ गयी तादाद घटकर

न कोई अक्स बाक़ी था न सूरत
रखा जो आईना मैंने उलटकर

परिन्दा और उड़ना चाहता था
उफ़ुक़[1] ही रह गया ख़ुद में सिमटकर

न बच पायेंगे पर्वत बन्दिशों[2] के
मुहब्बत की नदी निकली है कटकर

---

1. आसमान, 2. सीमाएँ।

कहीं तो इब्तिदा है इन्तिहा की
कहीं तो इन्तिहा है इब्तिदा की

सुनी हर बात अपने रहनुमा की
यही इक भूल हमने बारहा[1] की

मुझी में गूँजती हैं सब सदायें
मगर फिर भी है ख़ामोशी बला की

हर इक किरदार में ढलने की चाहत
मतानत[2] देखिए बहरूपिया की

तलातुम[3] हैं मिरे मेरी हैं लहरें
मुझे क्यूँ जुस्तजू हो नाख़ुदा[4] की

हमारे साथ होकर भी नहीं है
शिकायत क्या करें उस गुमशुदा की

हर इक आहट तिरी आमद का धोका
कभी तो लाज रख ले इस ख़ता की

सरापा[5] हाय उस नाजुक बदन का
कोई तस्वीर जैसे अप्सरा की

---

1. बार-बार, 2. संजीदगी, 3. तूफान, 4. नाविक, 5. सर से पैर तक।

हौसला बरसर-ए-पैकार[1] सँभाले हुए हैं
ज़ख्म हम खा के भी तलवार सँभाले हुए हैं

इक-न-इक रोज़ तो गिरना है ये मिट्टी का मकाँ
आप जिसके दरो-दीवार सँभाले हुए हैं

जैसे हम दिखते हैं वैसे नहीं हरगिज़ यारों
बस किसी ज़िद में ये किरदार सँभाले हुए हैं

एक इक बूँद को मुद्दत से तरसती है ज़मीं
कैसे बादल हैं जो बौछार सँभाले हुए हैं

ख़ुश्क लम्हात ने सरसब्ज़[2] किया है जिनको
हम उन्हीं यादों का अम्बार सँभाले हुए हैं

आ गया जिस्म में ख़म[3] झुक गयी गरदन अपनी
उस पे ख़ुशफ़हमी कि दस्तार[4] सँभाले हुए हैं

मैं मुसाफ़िर हूँ सफ़र है मिरा साये-साये
धूप के वार को अश्जार[5] सँभाले हुए हैं

घटते-बढ़ते हैं सदा भाव हमारे दम से
हम यहाँ रौनक़-ए-बाज़ार[6] सँभाले हुए हैं

---

1. युद्ध करने का, 2. हरा-भरा, 3. टेढ़ापन, 4. पगड़ी, 5. पेड़ों का झुरमुट, 6. बाज़ार की आभा।

जला के ख़ुद को जो करते हैं रास्ते रौशन
उन्हीं के नाम हैं तारीख़ ने किये रौशन

वो चाँदनी का बदन है कि धूप का चेहरा
कि उसको देख के होते हैं आईने रौशन

तुम्हारे नाम का उन्वान[1] मिल गया हो जिसे
हों उस किताब के फिर क्यूँ न हाशिये रौशन

अब उनका नाम भी आये तो डर-सा लगता है
वो जिनके ज़िक्र से थे मेरे तज़किरे[2] रौशन

तुम्हारी याद में दामन पे अश्क यूँ चमके
सियाह रात में जैसे हों क़ुमक़ुमे[3] रौशन

कभी वो सामने आता तो क्या समाँ होता
वो जिसके हिज्र[4] में हम उम्र भर रहे रौशन

अवाम उनसे भी निबटेंगे ये बता दो उन्हें
जो सिर्फ़ करते हैं लफ़्ज़ों से शोबदे[5] रौशन

---

1. शीर्षक, 2. बातें, 3. बल्व, 4. विछोह, 5. जादू।

वो जो फ़स्ल-ए-गुलाब बो बैठे
खार[1] आँखों में ख़ुद चुभो बैठे

पहले दिल का सुकून खोया था
बाद उसके उदास हो बैठे

तुम तहीदस्त[2] ही तो आये थे
ढूँढ़ते क्या हो तुम जो खो बैठे

नींद के इन्तिजार में आखिर
चाँद-तारे भी नूर खो बैठे

पहले ख़ुद को बुना सलीक़े से
और फिर तार-तार हो बैठे

सारी महफ़िल को तेरा नश्शा था
हम भी होशो-हवास खो बैठे

इस क़दर हम मुतीअ[3] थे उसके
जब कहा उसने 'बैठ' तो बैठे

जिनको वाबस्तगी[4] में ढोया था
वो इधर-से-उधर के हो बैठे

---

1. काँटा, 2. ख़ाली हाथ, 3. अनुयायी, 4. सम्बन्धों।

क्या है आँखों का इरादा क्या कहूँ
ख़ुद समझिए मैं ज़ियादा क्या कहूँ

तंग लश्कर[1] रन कुशादा[2] क्या कहूँ
शाह[3] के आगे पियादा[4] क्या कहूँ

लग गया मुझको तेरी यादों का घुन
होता जाता हूँ बुरादा क्या कहूँ

आख़िरश हारूँगा मैं मालूम है
ख़ुद से लड़ने का इरादा क्या कहूँ

कर लिए आँखों ने वादे उससे कुछ
गुफ़्तगू थी बेइरादा क्या कहूँ

है मिरा इज़हार मुब्हम[5]-सा इधर
उस तरफ़ है लहन-ए-सादा[6] क्या कहूँ

था मुझे भी रंग चुनना कोई-सा
क्यूँ चुना है रंग सादा क्या कहूँ

कौन समझेगा मेरी ग़ज़लें 'पवन'
है लुग़त[7] कितनी ज़ियादा क्या कहूँ

---

1. फ़ौज, 2. फैला हुआ, 3. राजा, 4, पैदल सिपाही, 5. बेमानी, 6. सहज कथन, 7. शब्दकोश।

रात भूखी है निवाला दे उसे
घर जला अपना उजाला दे उसे

ताकि वो समझे सफ़र की मुश्किलें
पाँव में एकाध छाला दे उसे

ताकि लहजा और जुबाँ शीरीं[1] रहे
कोई उर्दू का रिसाला[2] दे उसे

रंग उसको चाहिए ख़ुशबू नहीं
काग़ज़ी फूलों की माला दे उसे

बे-बुलाये आ गया महफ़िल में जो
वो भी मयकश[3] है पियाला दे उसे

हो गयी बंजर ज़मीं अब्र-ए-करम[4]
एक शादाबी[5] दुशाला दे उसे

देखना फिर किस तरह पेश आयेगा
मुख़्तसर[6] मेरा हवाला दे उसे

---

1. मीठा, 2. पत्रिका, 3. शराबी, 4. कृपालु बादल, 5. हरा, 6. संक्षेप।

इस ज़मीं से आसमाँ तक कर दिया मंज़र हरा
आँख में काई पहन ली हो गया अम्बर हरा

कैसा दरिया था कि जिसने रंग बदला इस तरह
सत्ह के नीचे था सादा सत्ह के ऊपर हरा

ऐ शजर[1] कुछ इस तरह तब्दील कर अपनी शिनाख़्त[2]
जख़्म दे जो शाख़ को हो जाये वो पत्थर हरा

है ज़रा-सी बात लेकिन वजह मैं समझा नहीं
क्यूँ लुभाता है मुझे रंगों में रंग अकसर हरा

सोचिए यूँ भी उगी थी एक गमले में हयात
सुर्ख़ गुल के साथ था पत्ते का इक नश्तर[3] हरा

किस तरह फिर रास आता हमको ये मिलना 'पवन'
वो मिला हँसकर बज़ाहिर[4], ज़ख्म था अन्दर हरा

---

1. पेड़, 2. पहचान, 3. छुरी, 4. ऊपर से।

किसी की प्यास से हारा नहीं है
समन्दर है मगर खारा नहीं हैं

तक़ाज़ा[1] ये कि इसको दिन कहें हम
तमाशा ये कि उजियारा नहीं है

हवा से बे-लड़े ही हार जाये
दीया इतना भी बेचारा नहीं है

बिसात-ए-ज़िन्दगी[2] जीतेगा वो ही
जो अपने आपसे हारा नहीं है

भला ये रात कैसी है कि जिसमें
फ़लक[3] पर एक भी तारा नहीं है

किसी जुगनू की कोशिश रायगाँ[4] हो
अभी इतना भी अँधियारा नहीं है

इसे छूने से तुम क्यों डर रहे हो
मिरा आँसू है अंगारा नहीं है

---

1. चाह/अपेक्षा, 2. जीवन का शतरंज, 3. आकाश, 4. व्यर्थ।

क्यूँ रहते हो गुमसुम से
ये दुनिया है हम-तुम से

सोना चाँदी बे'मानी
भूख मिटेगी गन्दुम[1] से

फ़लक पे शायद पाँव पड़े
चुभते है कुछ अंजुम[2] से

तेरा-मेरा मिलना यूँ
प्यास मिले ज्यूँ क़ुल्ज़ुम[3] से

सिवा ज़ख़्म और पत्थर के
क्या मिलना है तसादुम[4] से

कश्ती बचकर आयी क्यूँ
है ये गिला तलातुम[5] से

1. गेहूँ, 2. तारे, 3. समुद्र, 4. टकराव, 5. तूफ़ान।

यह माना पैरों से गुम ज़मीं है यह माना सर से फ़लक[1] गया है
मगर उसी को मिली है मंज़िल जो रास्ते से भटक गया है

ये शोहरतों का सफ़र मुबारक हो तुमको लेकिन ये याद रखना
वो फ़र्श पर गिर गया है अकसर जो शोहरतों में बहक गया है

तमाम चोटें निहाँ[2] थी हममें अयाँ[3] हुई सब-की-सब अचानक
मुक़ाबिल[4] आते ही आईने के हमारा चेहरा चटक गया है

तमाम आलम में एक सूरज है दामन-ए-आसमाँ पे लेकिन
किसी की ख़ातिर यह बुझ गया है किसी की ख़ातिर चमक गया है

ऐ ज़िन्दगी, तेरे रेडियो पे जो गीत दिन-रात बज रहे हैं
समाअतों[5] तक किसी की हद है तो कोई गहराई तक गया है

अलावा मेरे हैं मुन्तज़िर[6] ये उदास शब ये निढाल लम्हे
वगरना[7] आमद[8] पे क्यूँ तुम्हारी ये सारा आलम बहक गया है

---

1. आसमान, 2. छुपी हुई 3. प्रकट होना, 4. सामने, 5. श्रवण शक्ति, 6. प्रतीक्षारत, 7. अन्यथा, 8. आगमन।

देखा किये उसे कभी सोचा किये उसे
पाया किये उसे कभी ढूँढ़ा किये उसे

बीनाइयों[1] की वुसअतें[2] अल्लाह की पनाह
जिसकी न कोई शक्ल थी देखा किये उसे

मेरी ही सोहबतों में वो रहता है मुब्तिला[3]
इक उम्र यूँ हो तो गयी तनहा किये उसे

अब तक लबों से लिपटी है सहरा[4] की ख़ुश्कियाँ
जब के ज़माना हो गया दरिया किये उसे

हिजरत[5] की सर्द रात में यादों की गर्म शॉल
मुझको वो दे गया था सो ओढ़ा किये उसे

लुत्फ़-ए-सफ़र में और इज़ाफ़े[6] के वास्ते
सीधी-सी एक राह थी, मोड़ा किये उसे

वो एक शख़्स रह गया जो दिल-दिमाग़ में
जब भी मिला है वक़्त तो सोचा किये उसे

---

1. देखन की क्षमता, 2. विस्तार, 3. खोया हुआ, 4. रेगिस्तान, 5. विछोह, 6. वृद्धि।

कभी ये ज़िन्दगी यूँ रुठती है
शजर[1] से शाख़ जैसे टूटती है

अँधेरों से नहीं है ख़ौफ़ कोई
हमेशा रोशनी ही लूटती है

है ये दीवानगी की रेल ऐसी
बहुत तेज़ी से बस्ती छूटती है

ज़माना हो गया है उसको देखे
तमन्ना अब भी सीना कूटती है

ख़मोशी घेरती है जब कभी भी
लबों से नग़मगी[2] तब फूटती है

गलतफ़हमी[3] जहाँ भी दिल में आयी
वहीं रिश्तों की डोरी टूटती है

---

1. पेड़, 2. गुनगुनाहट, 3. सन्देह।

हुस्न को देख लें इश्क़ के रंग में
आओ रंग दें तुम्हें इश्क़ के रंग में

इक धनक[1]-सी बिखरती रहे आसपास
शेर कहते रहें इश्क़ के रंग में

दुनियादारी के अन्दर थीं बेचैनियाँ
मिल गयी राहतें इश्क़ के रंग में

बेक़रारी, जुनूँ और दीवानगी
बेख़ुदी, वहशतें[2] इश्क़ के रंग में

पानियों पर नया रंग चढ़ता हुआ
भीगती बारिशें इश्क़ के रंग में

कोई करवट बदलता रहा रात भर
पड़ गयीं सिलवटें इश्क़ के रंग में

दिल को पागल बनाये सदा मोर की
कूकती कोयलें इश्क़ के रंग में

सबको पैग़ाम[3] चाहत का देते रहें
सारी दुनिया रंगे इश्क़ के रंग में

1. इन्द्रधुनष, 2. घबराहट, 3. सन्देश।

रंग पीला है हरा चाहती है
ये फ़िज़ा बर्ग़-ओ-नवा[1] चाहती है

ज़िन्दगी मेरी ये क्या चाहती है
अपने दुश्मन का भला चाहती है

जो घड़ी दूर हुआ चाहती है
वापसी की वो दुआ चाहती है

कशमकश में है के जाना है कहाँ
एक तितली जो उड़ा चाहती है

हर मुसाफ़िर से भला क्यूँ ये सराय
पहले नाम और पता चाहती है

कौन रोकेगा उन्हें जलने से
जिन चराग़ों को हवा चाहती है

ज़िन्दगी वक़्त की आँधी में 'पवन'
ख़ुश्क पत्तों-सा उड़ा चाहती है

---

1. पत्तियों और आवाज़।

पिघलकर आसमाँ भी, सुनहरा हो गया है
नये मंज़र तलाशो, उफ़ुक़[1] वा[2] हो गया है

हमारे दुश्मनों में इज़ाफ़ा[3] हो गया है
इधर का था जो अब तक, उधर का हो गया है

मरोड़ी बाँह शब[4] की जो सूरज ने अचानक
अँधेरे चीख़ उट्ठे सवेरा हो गया है

सियासत कम नहीं है किसी बाज़ीगरी से
जो यकजा[5] कर रहा था वो तनहा हो गया है

यक़ीनन ये असर है किसी की रौशनी का
मिरा क़द आज मुझसे ज़ियादा हो गया है

ग़ज़ब क्या ढा गयी है ज़रा-सी जल्दबाज़ी
वो खुलना चाहता था बरहना[6] हो गया है

बहुत महदूद[7] था वो कभी गीराइयों में
सिमटकर जो अचानक फ़लक[8]-सा हो गया है

---

1. आसमान,2. खुल जाना, 3. वृद्धि, 4. रात, 5. एकत्रित, 6. नग्न, 7. सीमित, 8. आसमान।

मसाफ़त[1] की हमारे कोई तो इन्तिहा हो
जिसे होना था मंज़िल वो रस्ता हो गया है

वो आँखें खुल रही हैं किसी मतले की सूरत
बदन उसका सरापा[2] ग़ज़ल-सा हो गया है

1. दूरी, 2. सिर से पाँव तक।

ज़मीं में दब गयी बुनियाद आख़िर
इमारत हो गयी ईज़ाद आख़िर

हुआ कुछ नर्म दिल सैयाद[1] आख़िर
परिन्दा कर दिया आज़ाद आख़िर

मकीं[2] तुम क्या हुए दिल में हमारे
ये बस्ती हो गयी आबाद आख़िर

मुझे बरबाद करके पूछते हैं
हुए तुम किसलिए बरबाद आख़िर

तुम्हारा लम्स[3] जादू कर गया फिर
ये बेलें हो गयीं आबाद आख़िर

ज़माने बाद क्यूँ हिचकी-सी आयी
हमें किसने किया है याद आख़िर

1. शिकारी, 2. मकान में रहने वाला, 3. स्पर्श।

सूरज-सा हो गया कभी जुगनू-सा हो गया
उसका ख़याल रात में जादू-सा हो गया

निस्बत[1] बनी रही मेरी उसकी शिनाख़्त से
मैं फूल हो गया तो वो खुशबू-सा हो गया

शीरीनी[2] आयी लहजे में अन्दाज़ में वक़ार[3]
वो शख़्स यूँ समझिए कि उर्दू-सा हो गया

ठहराव में भी लुत्फ़ छलकने में भी मज़ा
तू भी तो अब ख़ुशी का इक आँसू-सा हो गया

तुमसे जो मेरी राह जुदा हो गयी तो मैं
इक दश्त-ए-नाशनास[4] में आहू[5] सा हो गया

तरक़ीब कोई कीजिए रुकती नहीं नमी
आँखों का अब मिज़ाज भी बालू-सा हो गया

तेवर जुदा हैं उसके हर इक मोड़ पर 'पवन'
वो नर्म रौ[6] हवा तो कभी लू-सा हो गया

---

1. सम्बन्ध/लगाव, 2. मिठास, 3. वैभव, 4. अपरचित जंगल, 5. हिरन, 6. धीमी गति।

क्यूँ मायूस हो नाकामी पर
एक नजर डालो च्यूँटी पर

पहले ढंग की पौद लगाओ
तब इल्ज़ाम रखो मिट्टी पर

देखें कैसे पार लगेगी
नाव है काग़ज़ की पानी पर

ये जीवन इक करतब जैसा
हर दिन चलना है रस्सी पर

जब दीपक में तेल नहीं है
फिर क्यूँ है तोहमत[1] बाती पर

हर्फ़[2] भला कैसे ठहरेंगे
लिखता रहता हूँ पानी पर

1. झूठा दोष देना, 2. अक्षर।

मैं भी कुछ अपना यहाँ नामोनिशाँ रखता हूँ
मैं भी इस शहर में छोटा-सा मकाँ रखता हूँ

ये हवेली है खण्डर जैसी पुरानी लेकिन
मेरी आदत है बुज़ुर्गों के निशाँ रखता हूँ

सोचिए जंग में हम कितने हुए हैं बरबाद
तुम भी शमशीर[1] रखो मैं भी कमाँ[2] रखता हूँ

क्या भला दौर-ए-सितम[3] पेशा से होगा हासिल
बस यही सोच के मैं ताब-ओ-तवाँ रखता हूँ

ग़ौर से देख मुझे मेरी सफ़ेदी पे न जा
मैं वो दरिया हूँ जो कुछ दाग-ए-निहाँ[4] रखता हूँ

मुझको दीवार में चुनवा दो कि दो जागीरें
बेग़रज[5] शख़्स हूँ बेबाक ज़बाँ रखता हूँ

तुझको पाने की अब उम्मीद नहीं है फिर भी
तुझको खोने का मैं हर वक़्त गुमाँ[6] रखता हूँ

---

1. तलवार, 2. धनुष, 3. प्रताड़ना का युग, 4. छुपा हुआ दाग, 5. बिना इच्छा वाला, 6. अनुमान।

आँखों में या तो अब वो बसारत[1] नहीं रही
या फिर धनक[2] में अब के वो रंगत नहीं रही

दरकार[3] था सफ़र तो कोई हमसफ़र न था
जब हमसफ़र मिला तो मसाफ़त[4] नहीं रही

ख़ाली नहीं है भीड़ से बज़्म-ए-ख़याल[5] भी
तनहाइयों में भी हमें ख़लवत[6] नहीं रही

तो क्या हुआ कि आँखें है अश्कों से तर-ब-तर
झीलें हुई हैं साफ़ ग़लाज़त[7] नहीं रही

पहले सवाल ये था कि कैसे कटेगी रात
फिर ख़्वाब देखने की भी फ़ुर्सत नहीं रही

उसने इरादतन ही मुझे अनसुना किया
ऐसा नहीं कि आह में शिद्‌दत नहीं रही

मिलकर 'पवन' किसी से ये अहसास हो गया
महर-ओ-वफ़ा[8], वफ़ा, ख़ुलूस[9] की क़ीमत नहीं रही

---

1. देखने की शक्ति, 2. इन्द्रधनुष, 3. आवश्यकता 4. यात्रा, 5. विचारों की महफ़िल, 6. एकान्त/निर्जन, 7. गन्दगी, 8. सहानुभूति. 9. सच्चाई/निष्कपटता।

वुसअत[1] ज़रा-सी पायी तो ख़ुद में सिमट गये
नादान थे परिन्दे ज़मीनों से कट गये

रक्खी थी बन्द करके सराहने[2] ब-एहतियात[3]
कैसे किताब-ए-माज़ी[4] के औराक[5] उलट गये

आते थे इस हवेली में कितने मुसाहिबीन[7]
इक दौर ये भी है कि तलबगार घट गये

तूफ़ाँ से कम हुआ न मेरा हौसला भी जब
तो यूँ हुआ कि साज़िशन रस्ते पलट गये

हर सम्त तेज़ धूप थी राहें थीं बेशजर[8]
फ़िर यूँ हुआ कि जिस्म से साये लिपट गये

दर्द-ए-फ़िराक़[9] बढ़ के ख़बर बन गया 'पवन'
बेइख़्तियार[10] पलकों से आँसू लिपट गये

---

1. विस्तार, 2. सर की तरफ़, 3. सावधानीपूर्वक, 4. भूतकाल की पुस्तक, 5. पृष्ठ, 6. ओछा, 7. किसी बड़े व्यक्ति के यहाँ उठने-बैठने वाले लोग, 8. वृक्ष-विहीन, 9. वियोग का दर्द, 10. अनियन्त्रित।

हर वक़्त एहतियात से कुछ फ़ायदा नहीं
वो ज़िन्दगी अबस[1] है जहाँ हादसा नहीं

मुझसे बिछड़ गया है तू इसका गिला नहीं
अफ़सोस सिर्फ़ ये है कि तू लापता नहीं

इस बहर-ए-ग़म[2] से आगे ही खुलते हैं रास्ते
किसने लिखा कि आगे कोई रास्ता नहीं

दूरी थी दरमियान तो थी वज्हे-गुफ़्तगू[3]
अब क़ुर्बतें[4] बढ़ीं तो तो कोई मुद्दआ नहीं

तस्वीर उसकी कैसे मुकम्मल[5] करूँगा मैं
उसकी ज़िया[6] का रंग अभी तक मिला नहीं

वो इक शिकस्ता[7] पुल था जो बारिश में बह गया
अब साहिलों[8] के बीच कोई राब्ता नहीं

शायद है बेबसी की यही इन्तिहा 'पवन'
सहरा में चीख़ता हूँ कोई हमनवा[9] नहीं

---

1. व्यर्थ, 2. दुःख का समुद्र, 3. बातचीत का कारण, 4. निकटता, 5. पूरी, 6. आभा/रोशनी, 7. टूटा हुआ, 8. किनारों, 9. साथ बोलने वाला।

याद तेरी आयी जीने की इजाज़त मिल गयी
हिज्र[1] के तपते हुए लम्हों से राहत मिल गयी

आईना तो है वही मुझको बसारत[2] मिल गयी
आज मेरे अक्स से मेरी ही सूरत मिल गयी

जाने अब क्या रूप धारेगी मरासिम[3] की फ़ज़ा[4]
क्या अदावत[5] कम थी जो इसमें सियासत मिल गयी

मुझ सुबुक रफ़्तार[6] को दुनिया ने छोड़ा आख़िरश[7]
मुझसे दुनिया को मुझे दुनिया से फ़ुर्सत मिल गयी

रंग-ओ-बू थे मुख़्तलिफ[8], अन्दाज़ थे सबके जुदा
एक गुलदस्ते में रहकर सबकी आदत मिल गयी

हम समझते थे कहाँ अच्छे-बुरे के फ़र्क़ को
ये हुनर भी आ गया जब तेरी सोहबत मिल गयी

एक चेहरा नर्म-सा इक लम्स[9] उस पर यक-ब-यक[10]
यानी हल्दी में 'पवन' केसर की रंगत मिल गयी

1. विछोह, 2. देखने की शक्ति, 3. सम्बन्ध, 4. माहौल, 5. दुशमनी 6. धीरे चलने वाला, 7. अन्ततः, 8. अलग-अलग, 9. स्पर्श 10. अचानक।

क़ाइम तअल्लुक़ात[1] का इक दायरा रखो
कुर्बत[2] की साअतों[3] में भी इक फ़ासला रखो

फिर पूछना कि जायेंगे किस ओर भागकर
पहले हमारे सामने इक रास्ता रखो

इक कामयाब शख़्स ने ये मशविरा दिया
चाहो न चाहो सबसे मगर सिलसिला रखो

पहले तो ज़ुल्मतों[4] की कहानी सुनाओ तुम
फिर अपनी अज़्मतों[5] का कोई वाक़िया[6] रखो

तब दूसरों में तुमको नज़र आयेगा हुनर
बेहतर है अपने सामने इक आईना रखो

अपनी नज़र में ज़ीस्त[7] का हर फ़लसफ़ा[8] रखो
घाटे के रूबरू तो कोई फ़ायदा रखो

---

1. रिश्ते, 2. मिलन, 3. पल, 4. अत्याचार, 5. महानता, 6. प्रसंग, 7. ज़िन्दगी, 8. दर्शन।

बिछड़ा जो एक बार दुबारा नहीं मिला
बस राख हाथ आयी शरारा नहीं मिला

अब इसमें क्या क़ुसूर समन्दर का है, अगर
काग़ज़ की कश्तियों को किनारा नहीं मिला

टूटा था एक रोज़ जो हाथों से दफअतन[1]
फिर आसमान में वो सितारा नहीं मिला

हम जुस्तजू-ए-शौक़[2] में देख आये कहकशाँ[3]
अफ़सोस! लेकिन एक सितारा नहीं मिला

छत पर तमाम रात अँधेरे में काट दी
आँखों को चाँदनी का नज़ारा नहीं मिला

---

1. अचानक, 2. खोज की प्रवृत्ति, 3. आकाशगंगा।

आसानियों के साथ ही दुश्वार[1] बहुत है
ये राह मुहब्बत की पुर-असरार[2] बहुत है

गुंजाइशें दिल में हों तो है सहन[3] भी छोटा
तक़सीम[4] करो घर को तो दीवार बहुत है

मजबूरी-ए-हालात हैं रोके हुए उसको
हालाँकि मसाफ़त[5] को वो तैयार बहुत है

कुछ रोज़ से वो रास नहीं आता है हमें भी
उसको भी कोई दूसरा दरकार बहुत है

जन्नत की तमन्ना जिसे होगी उसे होगी
हमको तो फ़क़त आपका दीदार बहुत है

---

1. कठिनाई, 2. रहस्यमय, 3. आँगन, 4. बँटवारा, 5. सफ़र/संघर्ष।

वही शौक़-ए-दीदार[1] पैदा हुआ है
फिर इस दिल में आज़ार[2] पैदा हुआ है

बिकेंगे यहाँ जिंस[3] की तरह रिश्ते
हर इक घर में बाज़ार पैदा हुआ है

मुझे भी पुकारा है आज इक सदा ने
मिरा भी तलबगार पैदा हुआ है

कहानी को दिलचस्प करके रहेगा
नया जो ये किरदार[4] पैदा हुआ है

है मंसूब[5] यादों से मेरी वो लम्हा
जो मिटकर कई बार पैदा हुआ है

मुख़ालिफ़[6] है लेकिन वो कहता है मेरी
ये कैसा तरफ़दार पैदा हुआ है

हिजाबों[7] से निकलो तो कुछ बात भी हो
तकल्लुफ़[8] से कब प्यार पैदा हुआ है

---

1. देखने की चाहत, 2. ग़म, 3. वस्तुओं, 4. चरित्र, 5. समर्पित, 6. दुश्मन, 7. पर्दों, 8. औपचारिकता।

सुकूँ पा के दिल का परेशान होना
कि जैसे भरे घर का वीरान होना

हुआ कितना मुश्किल अब आसान होना
यही सोचना और हैरान होना

उसी से मेरे जी की राहत[1] का सामाँ[2]
उसी से मिरे जी का हलक़ान होना

भरे शह्र से कूच करना किसी का
अचानक वो गलियों का सुनसान होना

लुटेरों का अब ख़ौफ़ दिल को नहीं है
कि तुम तो हमारे निगहबान[3] हो ना

लुटाने लगा हूँ मैं जल-जल के ख़ुशबू
मुझे आ गया जबसे लोबान होना

मुझे अपने किरदार की फ़िक्र क्यों हो
कि तुम मेरे क़िस्से का उनवान[4] हो ना

1. आराम, 2. संसाधन, 3. रक्षक, 4. शीर्षक।

मेरे लफ़्ज़ों[1] में तेरी सूरत उभर आयी न थी
क्या मेरे अशआर में इतनी भी गहराई न थी

मेरी जानिब क्यों मुसलसल[2] उगलियाँ उठती रहीं
क्या मेरे किरदार में कोई भी अच्छाई न थी

हिज्र के लम्हों[3] में यारो किस क़दर तनहा था मैं
यानी मेरे साथ मेरी अपनी तनहाई न थी

उससे रुख़सत जब हुए तो जिस्म ख़ाली हो गया
धड़कनें दिल में न थीं आँखों में बीनाई[4] न थी

देखना दिलचस्प होगा फ़ैसला मुंसिफ़[5] का अब
थी जिरह पुरज़ोर लेकिन कोई सच्चाई न थी

ज़ख़्म मेरे जिस्म की मिट्टी से फिर उगने लगे
चारागर पहले कभी इतनी भी पुरवाई न थी

पहले भी मौसम ख़िज़ाओं[6] के यहाँ आये मगर
बेल यादों की मगर इस दर्जा मुरझाई न थी

---

1. शब्दों, 2. लगातार, 3. विरह के लम्हे, 4. देखने की शक्ति, 5. न्यायाधीश, 6. पतझड़।

रास्ता देखता है घर मेरा
ख़त्म होता नहीं सफ़र मेरा

कैसे दरिया उबूर[1] हो पाता
हाथ पकड़े रहा भँवर मेरा

वो रहा साथ देर तक रस्मन[2]
अजनबी-सा था हमसफ़र[3] मेरा

फ़ाक़ामस्ती[4] न मेरी ख़त्म हुई
काम आया न कुछ हुनर मेरा

लुत्फ़[5] जाता रहेगा जीने का
ज़ख़्म भर जायेगा अगर मेरा

कर लिया उसने मेरा सजदा क़ुबूल
बस यूँ ही झुक गया था सर मेरा

सब करामत[6] है उसकी सोहबत[7] की
मेरे दिल पर नहीं असर मेरा

---

1. पार, 2. औपचारिकतावश, 3. सह-यात्री, 4. भुखमरी, 5. मज़ा, 6. जादू, 7. साथ।

सूखा-सूखा पानी है
आँखों को हैरानी है

खेल हुआ इक तरफ़ा फिर
मात हमीं को खानी है

बह कर पार लगेंगे हम
दरिया में तुग़ियानी[1] है

इश्क़ सुनहरा भी होगा
रंग अभी तो धानी है

ख़ामोशी के लहजे में
मानी खेज़[2] बयानी है

राह से अपना रब्त[3] रखो
भीड़ तो आनी-जानी है

रंग बदलते हैं मौसम
ये फ़ितरत इनसानी है

1. सैलाब, 2. अर्थपूर्ण, 3. सम्बन्ध।

कब कोई शख़्स[1] जानता है मुझे
फिर भी दुनिया से साबका[2] है मुझे

एक आवाज़े-ए-बाज़गश्त[3] हूँ मैं
क्या कभी आपने सुना है मुझे

कोई तस्वीर ही नहीं मेरी
जाने किस रंग से भरा है मुझे

मैं मयस्सर[4] नहीं हूँ ख़ुद को भी
और वो मुझसे माँगता है मुझे

आज आया है दम में दम जैसे
तेरे अहसास ने छुआ है मुझे

बेसमर[5] शाख़ हूँ तो क्यूँ आख़िर
कोई झोंका झिंझोड़ता है मुझे

ये नये मौसमों की आहट है
इन ख़िज़ाओं[6] का तजरुबा[7] है मुझे

---

1. व्यक्ति, 2. सम्बन्ध, 3. आवारा, 4. उपलब्ध, 5. बिना फल वाली, 6. पतझड़, 7. अनुभव।

तह-पे-तह और चढ़ती जाती हैं
जैसे-जैसे वो खोलता है मुझे

चुभती रहतीं हैं जिस्म में आँखें
कोई छुप-छुप के देखता है मुझे

देखकर अपने रंग फूलों में
रह गयी तितली दंग फूलों में

गिर गयी एक पतंग फूलों में
ढल गयी इक उमंग फूलों में

तेज़ बारिश हवा का मद्धम सुर
बज उठा जलतरंग फूलों में

उसको भी ख़ुशबुएँ मयस्सर हों
फेंकता है जो संग फूलों में

कितनी बेरंग होती ये दुनिया
होता जो एक रंग फूलों में

आज गुलशन में कौन आया था
छिड़ गयी कैसे जंग फूलों में

हावी मेरे यक़ीन पे वहमो-गुमाँ-सा है
आँखों के आसपास मुसलसल[1] धुआँ-सा है

छाया है इक ग़ुबार फ़ज़ाओं[2] में हर तरफ़
सहरा[3] में इक भटकता हुआ कारवाँ[4]-सा है

आँचल किसी का जब से हुआ मुझ पे मेहरबाँ
ये लग रहा हे सर पे मेरे सायबाँ-सा है

है पस्तियों[5] में कोई बुलन्दी छुपी हुई
देखो ज़मीं क़ी तह में कोई आसमाँ-सा है

आहट का दिल को होता है अहसास हर घड़ी
तेरा वजूद भी कहीं मुझमें निहाँ[6]-सा है

आये न जो समझ में तो कुछ दास्ताँ नहीं
समझो तो एक लफ़्ज़[7] भी इक दास्ताँ-सा है

इनकार पर भी उसके मेरा दिल है मुतमइन[8]
दरअस्ल उसकी 'ना' का भी अन्दाज़ 'हाँ'-सा है

---

1. लगातार, 2. वातावरण, 3. जंगल, 4. यात्री-समूह, 5. गहराई, 6. छुपा हुआ, 7. शब्द, 8. सन्तोष।

था बर्फ़, आतिश[1] में ढल रहा है
वो ख़ुद को यकसर[2] बदल रहा है

किसी ने ढाले हैं मोम के बुत
किसी का सूरज पिघल रहा है

अभी ज़मीं पर गिरेगा देखो
बहुत ज़ियादा उछल रहा है

नयी इबारत[3] लिखेगा शायद
वो दायरे से निकल रहा है

अँधेरे फिर हाथ मल रहे हैं
फिर एक जुगनू सँभल रहा है

बुझा समन्दर की प्यास या रब
ये कितनी नदियाँ निगल रहा है

जो चाँद रहता था आसमाँ में
सुना है छत पर टहल रहा है

1. आग, 2. बिल्कुल, 3. लेख।

न ख़्वाहिश गुफ़्तगू की है न कोई काम की ख़्वाहिश
थकन से चूर हूँ इतना कि है आराम की ख़्वाहिश

न है औक़ात[1] से मतलब न है हंगाम की ख़्वाहिश
गुज़र पाये जो तेरे साथ, है उस शाम की ख़्वाहिश

मुसलसल अर्श[2] पर रहने की कुव्वत चुक गयी शायद
परिन्दा कर रहा है अब जमीं पे दाम की ख़्वाहिश

लगी थी दोनों जानिब[3] दिल पे लेकिन फ़र्क़ इतना था
कहीं आग़ाज़ की ख़्वाहिश कहीं अंजाम की ख़्वाहिश

ज़रा छाये ज़रा गरजे मगर बरसे नहीं बादल
अधूरी रह गयी तपते बरहना[4] बाम[5] की ख़्वाहिश

सिवा उस तक रसाई[6] के नहीं कुछ चाहिए इसको
बहुत मुश्किल हुई है अब दिल-ए-नाकाम की ख़्वाहिश

---

1. वक़्त, 2. आसमान, 3. ओर, 4. नग्न, 5. छत, 6. देखने की क्षमता।

न इक़रार में हूँ न इनकार में
है उलझन मुझे अपने इज़हार में

सरे-ए-रहगुज़र रुक गये द़अतन[1]
वो जल्दी में था और मैं रफ़्तार में

कोई मौज बेचैन है उस तरफ़
लगाये कोई नक़्ब दीवार में

कई पेड़ पौदों का माज़ी[2] है गुम
इन्हीं ज़र्द[3] पत्तों के अम्बार में

बदलते हैं नाम और चेहरे फ़कत
हैं ख़बरें वही रोज़ अख़बार में

कहानी हमेशा अधूरी रही
मैं गुम हो गया एक किरदार में

अरे छोड़ छतरी हटा रेनकोट
उठा लुत्फ़ सावन का, बौछार में

थे मेरे सवालों पे मेरे जवाब
बसर हो गयी रात गुफ़्तार[4] में

---

1. अचानक, 2. भूतकाल, 3. पीले 4. बातचीत।

जो मीर-ए-कारवाँ[1] बस दो क़दम ही चल के थक जाये
तो बेहतर है मुसाफ़िर रास्ते से ख़ुद भटक जाये

वही अब सो रहा है चैन से कहता था जो कल तक
क़सम उसको लगे जिसकी पलक इक पल झपक जाये

हक़ीक़त तुझको दुनिया की नज़र आ जायेगी लेकिन
तिरी आँखों पे जो परदा है वो पहले सरक जाये

ये मौसम सर्दियों का है सँभलकर आईना देखो
कहीं ऐसा न हो कुहरा तुम्हारा अक्स[2] ढक जाये

बुलन्दी ठीक है लेकिन बस इक लग़्ज़िश[3] पे जाने कब
खिसक जाये जमीं पैरों से हाथों से फ़लक जाये

उसे क्या ग़म उसे तो क़हक़हों[4] में लुत्फ़ आता है
किसी की आँख भीगे या किसी का दम अटक जाये

उसे झूठी तसल्ली दी है इस उम्मीद पर मैंने
बुझी आँखों में उसकी इक किरन शायद चमक जाये

---

1. समूह का नेता, 2. प्रतिबिम्ब, 3. लड़खड़ाहट, 4. अट्टहास।

वो बेशक आज मेरा हमक़दम है
रहेगा हमसफ़र उम्मीद कम है

ये कैसा वक़्त का मुझ पर करम है
शिकन माथे पे है गरदन में ख़म[1] है

फ़क़त लम्हों में सब कुछ ख़त्म होगा
हुबाबों[2] का तो बस ख़ाली भरम है

नहीं काग़ज़ जिसे कोई जला दे
दिलों पर दास्ताँ अपनी रक़म[3] है

मिला मुझको तलब से भी ज़ियादा
मिरे मालिक तेरा रहम-ओ-करम[4] है

हुई मुद्दत कभी बरसे थे बादल
मगर अब तक कोई दीवार नम है

जो आला[5] है तो बाइज़्ज़त रिहाई
जो अदना[6] है तो उसका सर क़लम है

---

1. टेढ़ापन, 2. बुलबुले, 3. लिखा हुआ, 4. कृपा, 5. श्रेष्ठ, 6. छोटा।

मुसलसल रात बढ़ती जा रही है
और उस पर सुब्ह की उम्मीद कम है

नहीं है कोई भी जब आने वाला
तो क्यूँ धड़का-सा दिल को दम-ब-दम है

दरवाज़े पर धूप की उतरन शाम ढले
ख़ुद में गुमसुम ज्यूँ बैरागन शाम ढले

सुब्ह ढले तक देखो क्या हालात रहें
महका-महका-सा है आँगन शाम ढले

दिन का यूँ ही रोज़ गुज़रना है जारी
होती है बेनाम-सी उलझन शाम ढले

सिर्फ़ तुम्हारे नाम पे जा के ख़त्म हुई
मेरे ख़यालों की मेराथन शाम ढले

सुब्ह-ए-अज़ल[1] से इक ख़ाना वीरानी थी
पेशानी पर उभरी उलझन शाम ढले

---

1. आदि काल की भोर।

क्या हासिल ऊँचाई की जद में
हर लम्हा[1] तनहाई की ज़द[2] में

पैरोकारी सहम रही है
मुलज़िम[3] है सुनवाई की ज़द में

देखो किरचें बिखर न जायें
दरपन है अँगड़ाई की ज़द में

अक्स[4] चाँद का हरा-हरा है
दरिया है क्या काई की ज़द में

अब गिरने का शिकवा क्या है
क्यूँ आया ऊँचाई की ज़द में

कोई नतीजा कैसे निकले
बहसें हैं दानाई[5] की ज़द में

आँखों ने देखा ही नहीं कुछ
मंज़र है बीनाई[6] की ज़द में

---

1. पल, 2. निशाना, 3. आरोपी, 4. प्रतिबिम्ब, 5. बुद्धिजीवी, 6. देखने की शक्ति।

मैं मानता हूँ ग़र्क़ सफ़ीना[1] मिरा हुआ
लेकिन सफ़र में कुछ तो नया तजरुबा हुआ

कोई दलील है न गवाही न मुद्दई
मुंसिफ़, ये किस बिना पे तिरा फ़ैसला हुआ

माज़ी के चन्द सफ़्हे[2] पलटकर तो देखिए
मिल जाये मेरा नाम भी शायद दबा हुआ

वीरान-सी हवेली में ख़ामोशियों के बीच
दीवार पर किसी का है तुग़रा[3] टँगा हुआ

क़ाग़ज पे धुँधली-धुँधली-सी तस्वीर किसकी है
देखो तो कौन है ये मिटाकर बना हुआ

जिस पल को मैं ये समझा दुबारा ना आयेगा
फिर यक-ब-यक उसी से मेरा सामना हुआ

ख़ुद को छिपाये रक्खा था जिसकी निगाह से
वो शख़्स आज मेरे लिए आईना हुआ

---

1. नाव, 2, भूतकाल के पन्ने, 3. फ्रेम में लगा हुआ चित्र।

मेरा वजूद है मिरी हस्ती नहीं कोई
माना कि मैं चराग़ हूँ लेकिन बुझा हुआ

इनसानियत के ऐब सारे आज हो गये
इनसान आज कितना 'पवन' बरहना[1] हुआ

1. नग्न।

जमा दरिया था जो कुहसार[1] में गुम
पिघलकर हो गया रफ़्तार में गुम

वो है मसरूफ[2] बज़्म-ए-कहकशाँ[3] में
मसाइल हैं मेरे घर बार में गुम

लगेगी किस तरह किश्ती किनारे
हुआ है नाख़ुदा[4] मँझधार में गुम

सफ़ों में सरनिगूँ[5] बेबस रिआया[6]
हुकूमत नेज़ा-ओ-तलवार[7] में गुम

बस उसकी अज़्मतों[8] का वाक़या था
कहानी थी बस इक किरदार में गुम

वो हारा है मगर कुछ इस अदा से
है मेरी जीत उसकी हार में गुम

अभी भी वक़्त है हँस लो हँसा लो
अभी से क्यूँ हो तुम अफ़कार[9] में गुम

---

1. कुहासा, 2. व्यस्त, 3. आकाशगंगा, 4. नाविक, 5. नतमस्तक, 6. प्रजा 7. भाला और तलवार 8. महानता, 9. चिन्ता।

दरियाओं में ढल जाता है कुहसार[1] पिघल के
पहचान छुपा लेता है वो भेस बदल के

जायें तो कहाँ जायें नज़र कुछ नहीं आता
इस ओर धुँधलके हैं तो उस ओर धुँधलके

हमने तो मुहब्बत के हवाले से ही जाना
क़िस्से थे सुने यूँ तो बहुत ताजमहल के

इक ज़र्रे[2] की सूरत हूँ मैं सहरा-ए-जहाँ[3] में
महसूस ये होता है मुझे ख़ुद से निकल के

कुछ हरकतों ने उसकी अयाँ[4] कर दिया उसको
आया था मेरे घर में जो पहचान बदल के

राहों की भी तकलीफ़ तभी आयी समझ में
जब भीड़ कोई आगे बढ़ी मुझको कुचल के

---

1. कुहासा, 2. कण, 3. सांसारिक जाल, 4. नंगा।

होता है रक़्स-ए-आब[1] चटानों के दरमियाँ
रह-रह के शोर उठता है कानों के दरमियाँ

थे बस वही ख़िलाफ़ ढलानों के दरमियाँ
बनते थे जो रफ़ीक़[2] उड़ानों के दरमियाँ

गलियों को एकमुश्त निगलने की होड़ में
इक जंग छिड़ गयी है मकानों के दरमियाँ

किसका करें शिकार वो और किसको छोड़ दे
हैं कशमकश में तीर निशानों के दरमियाँ

आँखों को है सुकून बहुत इस ख़याल से
कुछ ख़्वाब सो रहे हैं सरहानों के दरमियाँ

हमको पता है तेरे न आने का माजरा
सच को न कर तू ग़र्क़[3] बहानों के दरमियाँ

यूँ ही नहीं हर इक को तराने मिरे पसन्द
रखता हूँ दिल का दर्द तरानों के दरमियाँ

---

1. जलनृत्य, 2. दोस्त, 3. डूबना।

उसी पर मुनहसर[1] है फ़ैसला तो
मगर समझे वो पहले मुद्दआ तो

है मंज़िल की तलब में क़ाफ़िला तो
मगर दामन न छोड़े रास्ता तो

तअक़्क़ुब[2] में हूँ मैं उसके मुसलसल[3]
वो सीधा जानिब-ए-मक़तल[4] गया तो

यक़ीनन हिचकियाँ हमको भी आतीं
हमारी याद में वो जागता तो

कहाँ तक ज़िद पे' तुम क़ायम रहोगे
दिया उसने जो अपना वास्ता तो

दिखाकर पीठ दुश्मन बच गया फिर
कसक ये है पलटकर देखता तो

मैं पिघली शक्ल में था बेनुमू[5]-सा
मुझे साँचे में कोई ढालता तो

है जिसका साथ मंज़िल की ज़मानत
वही दामन छुड़ाकर चल दिया तो

---

1. निर्भर, 2. पीछा करना, 3. लगातार, 4. क़त्लगाह की ओर, 5. बिना शक्ल के।

किसी भी सिम्त[1] से या फिर किसी भी ज़ाविए[2] से
बहर-सूरत निकलना चाहता हूँ हाशिए से

गुज़रती क्या है हम पर हिज्र[3] में कैसे बताएँ
वो हालत है कि जिसमें ना मरे से ना जिए से

ग़ज़ल की शक्ल-सी बनने लगी इक ज़ेहन-ओ-दिल में
ख़यालों की जुगलबन्दी हुई जब क़ाफ़िए से

वो लुत्फ़-ए-बेक़रारी दोस्तो अब क्या बताएँ
ख़तों की इन्तिज़ारी में झगड़ना डाकिए से

कोई भी ज़ात या मज़हब हो ठेकेदार सबके
हैं आदमज़ाद[4] ऊपर से पर अन्दर भेड़िए से

सियासत में यक़ीनन एक दिन चमकेगा वो भी
मुकरना आता है उसको भी ख़ूब अपने कहे से

1. ओर, 2. कोण, 3. विछोह, 4. आदमी की तरह।

वो लम्हा जिससे रंग-ए-ज़िन्दगी निखरा हुआ-सा
कभी ठहरा हुआ सा तो कभी गुज़रा हुआ-सा

बहाकर ले गया सैलाब में जो रात क्या-क्या
वो दरिया लग रहा है दिन में कुछ उतरा हुआ-[1]सा

मिरी पहचान वो पूछे तो कैसे मैं बताऊँ
मैं अपने आपमें सिमटा हूँ पर बिखरा हुआ-सा

कहीं बेरंग-सी तस्वीर है क्यूँ ऐ मुसव्विर[1]
कहीं तस्वीर का हर नक़्श है उभरा हुआ-सा

यक़ीनन देर तक तुमको ही देखा होगा इसने
तभी तो आज दरपन भी है कुछ सँवरा हुआ-सा

---

1. चित्रकार।

आपकी इस सल्तनत में कुछ गुज़र मेरा भी है
है फ़लक[1] भर आपका हक़ आँख भर मेरा भी है

सोचता हूँ जितना डरता था मैं पापा से कभी
क्या मिरी औलाद को उतना ही डर मेरा भी है

ख़म[2] रखूँ कब तक मैं गरदन अपने सीने की तरफ़
आस्माँ इक चाहिए मुझको कि सर मेरा भी है

बस यही इक रब्त[3] है अब तो हमारे दरमियाँ
हमसफ़र तेरा रफ़ीक़-ए-मोतबर[4] मेरा भी है

बाद मुद्दत के अचानक वो मिला तो यूँ लगा
उसके ज़हन-ओ-दिल पे अब तक कुछ असर मेरा भी है

वो फ़साना जिसमें तेरी फ़त्ह[5] का है तज़किरा[6]
उस फ़साने में हवाला मुख़्तसर[7] मेरा भी है

सोचकर बरसे ये मेरे शहर पर अब्रे-करम[8]
सर छुपाने के लिए छोटा-सा घर मेरा भी है

---

1. आकाश, 2. मोड़कर, 3. सम्बन्ध, 4. दोस्त, 5. जीत, 6. उल्लेख, 7. छोटा-सा 8. कृपालु बादल।

गले क्यूँ पड़ रहे हो ज़िन्दगी के
बहाने और भी हैं ख़ुदकुशी के

कोई सुनता नहीं मेरी सदायें[1]
सो अब घुँघरू पहन लूँ ख़ामुशी के

मुहब्बत की लुग़त[2] में मिल न पायें
मआनी भी तुम्हारी बेरुख़ी के

चराग़ाँ, चाँदनी, धूप, और बिजली
ये सब हैं अक्स[3] उसकी रौशनी के

सिला औराक़[4] गर्दानी[5] का है ये
नज़र में लोग हैं बीती सदी के

हसीं मौजों की इन अठखेलियों से
किनारे कट भी सकते हैं नदी के

मुहाफ़िज़ हो जहाँ क़ातिल का मुंसिफ़
वहां मतलब ही क्या हैं पैरवी के

कई किरदार-ओ-मंज़र याद आये
कभी पन्ने खुले जो डायरी के

---

1. आवाज़ें, 2. शब्दकोश, 3. प्रतिबिम्ब, 4. पृष्ठ, 5. पलटनें।

एक लहराती हुई नदी का साहिल हुआ मैं
फिर हुआ ये कि हर इक लहर से घाइल हुआ मैं

अब बनाते हैं मिरे दोस्त निशाना मुझको
उसको पाने के लिए जब किसी क़ाबिल हुआ मैं

दिल में इस राज़ को ताउम्र छुपाकर रक्खा
किसकी चाहत में था शामिल किसे हासिल हुआ मैं

आ गया इश्क़ का मफ़हूम[1] समझ में उसकी
उसके ख़्वाबों में दबे पाँव जो दाख़िल हुआ मैं

मैं सुख़नवर नहीं लेकिन ये शरफ़[2] हासिल है
लफ़्ज़ बनकर तेरे दीवान में शामिल हुआ मैं

एक मुद्दत से समझने में लगा हूँ ख़ुद को
यानी अब अपने लिए भी बड़ा मुश्किल हुआ मैं

---

1. अर्थ, 2. महत्त्व।

किया सब उसने सुनकर अनसुना क्या
वो ख़ुद में इस क़दर था मुब्तिला[1] क्या

मैं हूँ गुज़रा हुआ-सा एक लम्हा
मिरे हक़ में दुआ क्या बद्दुआ क्या

किरन आयी कहाँ से रोशनी की
अँधेरे में कोई जुगनू जला क्या

मुसाफ़िर सब पलटकर आ गये हैं
ले आया फिर वहीं पर रास्ता क्या

मैं इक मुद्दत से ख़ुद में गुमशुदा हूँ
बताऊँ आपको अपना पता क्या

ये महफ़िल दो धड़ों में बँट गयी है
ज़रा पूछो है किसका मुद्दआ क्या

मुहब्बत रहगुज़र है कहकशाँ[2]-सी
ख़ुदा जाने है इसकी इन्तिहा क्या

---

1. फँसा हुआ, 2. आकाशगंगा।

अब के सफ़र में साथ तुम्हारा कफ़ील[1] है
मंज़िल मिलेगी हालाँकि रस्ता तवील[2] है

सर कर लिया जो मोर्चा तो ये पता चला
बाक़ी शिकस्ता[3] क़िले की पुख़्ता फ़सील[4] है

तनहाइयाँ भी, दर्द भी, खुशियाँ भी, रंज भी
ये ज़िन्दगी भी जैसे सिनेमा की रील है

क्या शक्ल ज़िन्दगी की है, कुछ तो पता चले
पर्कार से ढली है ये के मुस्तक़ील[5] है

लोगों का ये गुमान कि वो रेत हो गयी
मुझको यक़ीं कि सहरा में ग़र्क़ाब[6] झील है

जीना बता रहा है कि मरना है एक दिन
ये ज़िन्दगी ही मौत की रौशन दलील[7] है

चलते तो जा रहे हो मुसलसल[8] 'पवन' मगर
इस रास्ते में कोई कहीं संग[9]-ए-मील है

---

1. ख़र्चा करने वाला, 2. लम्बा, 3. टूटा हुआ, 4. मुंडेर, 5. आयताकार, 6. डूबना, 7. खुला सुबूत, 8. निरन्तर, 9. पत्थर।

उतरा शब[1] का जादू जब
रात में चमका जुगनू जब

दर्द को कितना बुरा लगा
आँख से टपका आँसू जब

बन्दिश उस दम लाज़िम[2] है
ख़्वाहिश हो बेक़ाबू जब

उस करवट भी बेख़्वाबी[3]
बदल के देखा पहलू जब

प्यास की क़ीमत पता चली
दश्त[4] में भटका आहू[5] जब

तब ही ख़ुद को समझेगा
औरों को देखे तू जब

रेज़ा-रेज़ा[6] बिखरा था
टूटा था इक जादू जब

---

1. रात, 2. आवश्यक, 3. स्वप्नहीनता, 4. जंगल, 5. हिरन, 6. कण-कण।

क़दम क़दम पे नये इंकिशाफ़[1] करता है
हरेक बात वो मेरे खिलाफ़ करता है

हमारे हाल[2] को माज़ी[3] ने यूँ किया ज़ख़्मी
कोई चटान मे जैसे शिगाफ़[4] करता है

ख़फ़ा मैं होना भी चाहूँ तो हो नहीं सकता
ख़ता का अपनी वो यूँ एतराफ़[5] करता है

अब अपना अक्स[6] नज़र आये किस तरह उसको
है धूल आँखों में, आईना साफ़ करता है

मैं किसकी ख़ुशबू से दिन भर महकता रहता हूँ
ये कौन है जो मुअत्तर[7] लिहाफ़ करता है

1. राज़ खोलना, 2. वर्तमान, 3. भूतकाल, 4. छेद, 5. मानना, 6. प्रतिबिम्ब, 7. ख़ुशबूदार।

ये हक़ीक़त है मसाफ़त[1] से जो थक जाऊँगा
मैं तेरे इश्क़ की राहों मे भटक जाऊँगा

गर्द-ए-तनहाई[2] से जिस वक़्त मैं ढक जाऊँगा
याद कर लूँगा तुझे और चमक जाऊँगा

यकजा[3] करने का उसे शौक़ है बिखरी चीज़ें
मैं भी इक ऊन का गोला हूँ, लुढ़क जाऊँगा

धुँधला-धुँधला हूँ मैं लेकिन है भरोसा मुझको
तेरी चाहत में किसी रोज़ चमक जाऊँगा

था बुलन्दी पे तो मैं सोच नहीं पाया कुछ
टूटकर शाख़ से पत्तों में अटक जाऊँगा

अपनी ये तिश्नालबी[4] ग़र्क़[5] मुझे करना है
जाम की शक्ल में आऊँगा, छलक जाऊँगा

फूल आँगन में लगाने की ज़रूरत क्या है
तुझको सोचूँगा फ़क़त[6] और महक जाऊँगा

---

1. यात्रा, 2. एकांकी पन की धूल, 3. एकत्र, 4. प्यास, 5. डूबना, 6. केवल।

हुई जब से वफ़ायें, यारियाँ कम
मुझे करनी पड़ीं दिलदारियाँ कम

मुसलसल[1] दिक़्क़तों पर दिक़्क़तें हैं
कभी होतीं नहीं दुश्वारियाँ[2] कम

ये सब स्कूल हैं या क़ैद-ख़ाने
हुईं बच्चों की क्यूँ किलकारियाँ कम

मुक़द्दर में भी थी नाकामयाबी
रहीं अपनी भी कुछ तैयारियाँ कम

समझना है अगर दीवानगी को
मुहब्बत में करो हुशियारियाँ कम

कहीं काहिल न वो मुझको समझ लें
बताता हूँ उन्हें लाचारियाँ कम

दुआ जीने की मुझको दे गया वो
मेरे दिल को थीं क्या बीमारियाँ कम

1. लगातार, 2. कठिनाईयाँ।

हैं नज़र के ज़ाविए[1] अब तो सरासर एक से
जिस तरफ़ भी देखिये, हैं सारे मंज़र एक से

ठोकरों में है कोई तो ताज की ज़ीनत[2] कोई
कौन कहता है कि सब होते हैं पत्थर एक से

काश! मैं और तू की ये तफ़रीक[3] मिट जाती कभी
काश! हम दोनों के हो जाते मुक़द्दर एक से

तितलियों में भी नज़र आती है फूलों की सिफ़त[4]
मुख़्तलिफ़[5] है रंग लेकिन सबके हैं पर एक से

कोई अदना[6] कोई आला[7], इसमें क्या है मसलेहत[8]
क्यूँ नहीं होते हैं इनसानों के पैकर एक से

देखिये शहर-ए-खामोशाँ[9] में पड़ी है सब पे ख़ाक
देखो लगते हैं सिकन्दर और क़लन्दर एक से

ताक़तों के सामने तुझको अगर झुकना नहीं
फिर तो लाज़िम[10] है तुझे भी ऐ 'पवन', डर एक से

---

1. कोण, 2. शोभा, 3. दूरी, 4. विशेषता, 5. अलग-अलग, 6. छोटा, 7. बड़ा, 8. जानकर चुप रहना, 9. क़ब्रिस्तान, 10. आवश्यक।

क़ुर्बतों[1] के चन्द लम्हे तल्ख़ियों[2] के दरमियाँ
बर्फ़ हो जैसे दबी चिंगारियों के दरमियाँ

आख़िरश[3] किसको मिलेगी कामयाबी देखिये
मोरचा है आशियाँ और बिजलियों के दरमियाँ

बेसबब क्यूँ ख़त्म कर लेता हूँ अपनी क़ायनात
क्यूँ बिखर जाता हूँ मैं तनहाइयों के दरमियाँ

दीजिये अपनी समाअत[4] को नये कुछ रास्ते
कोई नग़मा ढूँढ़िए ख़ामोशियों के दरमियाँ

फिर हवाओं ने दिया है अपने होने का सुबूत
दफ़अतन[5] परदे हिले हैं खिड़कियों के दरमियाँ

सानिहा[6] कहिए इसे अब हाशिए पर आ गये
हम रहा करते थे वर्ना सुर्ख़ियों के दरमियाँ

रख दिया हमने चराग़ इक वक़्त की दहलीज़ पर
देखिए कब तक जले ये आँधियों के दरमियाँ

---

1. निकटता, 2. कड़वाहट, 3. अन्ततः, 4. सुनने की शक्ति, 5. अचानक, 6. दुर्घटना।

बारे-ग़म[1] भी सह लेते
तुमको अपना कह लेते

हम भी पूजे जाते फिर
बुत बनकर जो रह लेते

खण्डर बनें इससे पहले
थोड़ा-थोड़ा ढह लेते

काश कि मन की मौजों में
हम भी थोड़ा बह लेते

शह्र में कोई तो होता
जिसको अपना कह लेते

1. दुःख का बोझ।

थम गयी अब तो ये दीवार घड़ी तक आख़िर
कौन तकता है मेरी राह अभी तक आख़िर

फिर कभी उसने पलट के न मेरा हाल लिया
जो मुझे छोड़ने आया था गली तक आख़िर

तब कहीं जा के ये तालाब कुआँ खोदेंगे
बात बढ़ जायेगी जब आगजनी तक आख़िर

दूध की नहर किसी तौर न निकली मुझसे
काम आयी न यहाँ कोह-कनी[1] तक आख़िर

क़र्ज़ रिश्तों का चुकाना मेरी आदत ठहरा
हो गयी ख़त्म मेरी आमदनी तक आख़िर

ज़ख़्म देते ही गये फूल हमारे दिल को
ख़ूबरु लगने लगी नागफनी तक आख़िर

कौन अपना है ज़माने में पड़ी है किसको
कौन पहुँचेगा मेरे दिल की लगी तक आख़िर

---

1. पहाड़ तोड़ने की कला।

नक़्श[1] मंज़िल[2] के इस तरह धुँधला गये
हम कहीं को चले थे कहीं आ गये

अब के आयीं बहारें अजब रंग में
जिनको खिलना था वो फूल मुरझा गये

दिन में इन जुगनुओं की ख़बर किसने ली
रौशनी जो अँधेरों में फैला गये

नामुकम्मल[3] रहा इश्क़ उनका कि जो
डूबते ही किनारे से टकरा गये

लड़खड़ाता हुआ कोई गुज़रा है क्या
रास्ते यक-ब-यक[4] कैसे बल खा गये

उनकी सोहबत[5] से ये इस्तफ़ादा[6] हुआ
वो मेरी शख़्सियत और चमका गये

इश्क़ की मंज़िलें तो बहुत दूर हैं
तुम तो पहले क़दम पर ही घबरा गये

इस तकल्लुफ़[7] से उसने मुलाक़ात की
ज़ख़्म दिल के 'पवन' और गहरा गये

---

1. संकेत, 2. गन्तव्य, 3. अपूर्ण, 4. अचानक, 5. संगति, 6. फ़ायदा, 7. औपचारिकता।

तुझसे पहले था दर-बदर जैसा
तू मिला तो मिला है घर जैसा

नाम उसका भी है सहर जैसा
जिसका तेवर है दोपहर जैसा

दिल में बैठा था कोई डर जैसा
शह्र का शह्र था खण्डर जैसा

मैं हवाओं का हमसफ़र जैसा
गिर गया टूटकर शजर जैसा

उन गलीचों पे पाँव रखते ही
जाने क्या चुभ गया शरर जैसा

गले पे अपने ही ख़ंज़र हमें चलाना है
फिर अपनी मौत का मातम भी ख़ुद मनाना है

ज़माने वालों ने ठुकरा दिया था कल जिसको
फिर आज उसकी ही ठोकर पे यह ज़माना है

नयी-नयी-सी धुनों से सजाता रहता हूँ
वो एक गीत जो हर वक़्त गुनगुनाना है

ख़ुशी का जश्न हो या वो ग़मों की महफ़िल हो
मगर ऐ कुमकुमो[1] तुमको तो जगमगाना है

सुनी-सुनाई-सी आवाज़ दिल से टकराई
नयी है चोट मगर घाव तो पुराना है

वही दरख़्त झिंझोड़ा है आँधियों ने 'पवन'
उसी दरख़्त पे चिड़ियों का आशियाना[2] है

---

1. काँच के बल्ब, 2. घोंसला।

इस दिल की फ़रमाइश है तू
एक अधूरी ख़्वाहिश है तू

तुझको पाना मुश्किल तो है
फिर भी दिल की काविश[1] है तू

हर शै में तू ही शामिल है
अपने आप नुमाइश है तू

तू ही है बेअब्र[2] फ़ज़ा में
सहराओं[3] में बारिश है तू

तनहाई में तेरी यादें
गर्दिश में आसाइश[4] है तू

1. प्रयत्न/प्रयास, 2. बिना बादल के, 3. रेगिस्तान, 4. आनन्द।

लहू आँखों में जमता जा रहा है
ये दरिया ख़ुश्क पड़ता जा रहा है

जिसे सदियों की वुसअत[1] है मयस्सर[2]
वो लम्हों में सिमटता जा रहा है

जिसे दिल में उतरना चाहिए था
वही दिल से उतरता जा रहा है

सफ़ीना[3] फिर से कोई ज़िद के चलते
हवाओं से उलझता जा रहा है

तमाशागर तो हैं मौजूद लेकिन
ये मजमा[4] क्यों उखड़ता जा रहा है

तुम्हारा अक्स है या कोई जादू
हर आईना सँवरता जा रहा है

---

1. विस्तार, 2. उपलब्ध, 3. नाव, 4. महफ़िल।

मैं साजिश-ए-हयात[1] को किस तरह कम करूँ
तनहाइयों[2] में बैठूँ कि आँखों को नम[3] करूँ

हिर्स-ओ-हवस[4] के साथ भी फ़ानी[5] है ज़िन्दगी
क्या इसके वास्ते कोई सामाँ बहम करूँ

बढ़ने लगा है सिलसिला-ए-एत्माद[6] फिर
इस सिलसिले को और बढ़ाऊँ कि कम करूँ

तू फिर से आ गया है मिरी ज़िन्दगी में दोस्त
इस बात का मैं लुत्फ़ उठाऊँ कि ग़म करूँ

मक़सद है मेरे सामने अपनी शिनाख़्त[7] का
फिर किसलिए हुजूम को मैं हमक़दम करूँ

---

1. जीवन के षड्यन्त्र, 2. अकेलापन, 3. भीगा, 4. तृष्णा-लालच, 5. नष्ट हो जाना, 6. विश्वास का सम्बन्ध, 7. पहचान।

मैपरस्ती[1] से बच न पाये हम
उम्र भर ख़ूब लड़खड़ाये हम

सुब्ह से हिचकियाँ लगी हैं हमें
आख़िर उसको भी याद आये हम

कोई आया हमें सँभाल गया
राह में जब भी लड़खड़ाये हम

बुझ गये कितने ही महा-ओ-अंजुम[2]
फिर भी जुगनू से जगमगाये हम

तुमसे जोड़ा कुछ इस क़दर नाता
हुए अपने लिए पराये हम

इश्क़ इक लाइलाज बीमारी
हैं इसी के बहुत सताये हम

---

1. मदिरापान, 2. चाँद-तारे।

क्या नज़र आयेगा नाज़िर[1] मेरे
ज़ख्म ग़ायब हैं बज़ाहिर[2] मेरे

फिर मुझे दोस्त मिले पत्थर के
आईने टूट गये फिर मेरे

इनमें किसको नज़रअन्दाज करूँ
सामने हैं जो मनाज़िर[3] मेरे

दुश्मनों से मुझे पहचान मिली
काम आये वही आख़िर मेरे

इश्क़ की राह में ख़तरे हैं बहुत
सोच लेना ये मुसाफ़िर मेरे

दर्द सीने में जो पोशीदा[4] थे
अश्क वो कर गये ज़ाहिर मेरे

लिखने बैठा है कहानी मेरी
थक न जाये तू मुहर्रिर[5] मेरे

---

1. दर्शक, 2. ज़ाहिर/ऊपर से देखने लायक, 3. दृश्य का बहुवचन, 4. छिपा हुआ, 5. लिपिक।

है अपना राबता[1] आवारगी से
तो फिर डरना ही कैसा गुमरही[2] से

कभी खलता था चेहरों का बदलना
है अब शिकवा मुझे बेचेहरगी[3] से

रदीफ और क़ाफ़िये उलझन हैं मेरी
मैं आजिज़[4] आ गया हूँ शायरी से

उसे पहचानना है सख़्त मुश्किल
वो मिलता है निहायत सादगी से

दुआ कीजे अब इनके टूटने की
तअल्लुक़[5] हो गये हैं हथकड़ी से

झुलसना अब के पूरे साल होगा
लपट चलने लगी है जनवरी से

कोई तो आदतन है सुस्त रफ़्तार
किसी की साँस चलती है घड़ी से

---

1. सम्बन्ध, 2. रास्ता भूल जाना, 3. जिसकी कोई शक्ल न हो, 4. परेशान होना, 5. सम्बन्ध।

सितम का सिलसिला आख़िर कहाँ तक
मुक़ाबिल मुझसे हो क़ाहिर[1] कहाँ तक

रक़ाबत[2] हो कि या फिर हो रिफ़ाक़त[3]
वही इक शक्ल-ओ-सूरत फिर कहाँ तक

वहाँ अहसास की सूरत नहीं है
करूँ मैं दर्द को ज़ाहिर कहाँ तक

मैं सो भी जाऊँ तो ख़्वाबों में तुम हो
तुम्हारा हुस्न है सादिर[4] कहाँ तक

परखकर भी रहेगा बदगुमाँ[5] वो
करूँ मैं भी वफ़ा आख़िर कहाँ तक

---

1. सितम ढाने वाले, 2. दुश्मनी, 3. मित्रता, 4. निकलने वाला, 5. बुरी धारणा।

तसव्वुर[1] से किसी के इक ज़रा फ़ुर्सत मिली होती
तो शायद ज़िन्दगी जीने की कुछ मोहलत मिली होती

मुखालिफ़[2] अब्र[3] का होता मैं लड़ता बारिशों से भी
अगर मुझको तुम्हारे शहर में इक छत मिली होती

अधूरे रह गये सारे इरादे बदगुमानी से
मेरे ख़्वाबों को भी ताबीर की क़ीमत मिली होती

परिन्दे मेरी ग़ज़लों के उड़ानें भर रहे होते
अगर सोचों को कुछ गहराई कुछ वुसअत[4] मिली होती

समझ लेती हमारी नस्ल भी जीने की तरकीबें
बुज़ुर्गों की अगर उनको कभी सोहबत मिली होती

---

1. कल्पना, 2. विरोधी, 3. बादल, 4. विस्तार/फैलाव।

अफ़सुर्दगी[1] कभी तो कभी गुदगुदी सही
है ज़िन्दगी यही तो यही ज़िन्दगी सही

झुँझला के मुझसे हज़रत-ए-नासेह[2] ये कह गये
अच्छा ये आप समझे हैं अच्छा यही सही

है वापसी का ज़िक्र अबस[3] अपने सामने
चलना हमारा काम है मंज़िल कड़ी सही

फ़ेहरिस्त-ए-रहरवान[4] सुख़न में तो मैं भी हूँ
अव्वल नहीं तो नाम मिरा आख़री सही

वैसे तो हर जनम है हमारा तुम्हारे नाम
फ़िलहाल इक जनम है सो ये पेशगी सही

इक ज़िन्दगी फ़ना हुई तुमसे बिछड़ते वक़्त
बाद उसके उम्र कट गयी यूँ ही रही सही

कुछ था कि जिसने कर दिया इल्ज़ाम से बरी
क़िस्मत मिरी नहीं तो तेरी पैरवी सही

हर झूठ को है सच में बदलना ही उसका काम
हुस्न-ए-बयाँ[5] नहीं है तो जादूगरी सही

---

1. दुःख/परेशानी, 2. सलाह देने वाले महोदय, 3. व्यर्थ, 4. साहित्यिक यात्रियों की सूची, 5. बेहतर ढंग से अभिव्यक्त करना।

रफ़्ता रफ़्ता ददे-ए-दिल यूँ कम हो जाता है
मेरा ग़म उसकी ख़ुशियों में ज़म[1] हो जाता है

साँसों का साँसों से जब संगम हो जाता है
रेशा-रेशा रूह का तब रेशम हो जाता है

कोई कशिश है उसकी बातों में बर्तावों में
उसके आगे हर चेहरा मुबहम[2] हो जाता है

यही सोचकर तुम दिल की रखवाली करना दोस्त
कड़ी धूप में भी ये काग़ज़ नम हो जाता है

जाने कैसे मेरा क़द औरों की नज़रों में
कभी ज़ियादा और कभी कुछ कम हो जाता है

साथ निभाने की ठानी है तो ये भी सुन लो
इन राहों में साया भी बरहम[3] हो जाता है

जिस्म थका-माँदा हो लेकिन घर तक आते ही
इक मासूम हँसी से ताज़ा दम हो जाता है

---

1. विलीन, 2. धुँधला/अस्पष्ट, 3. तितर-बितर।

कहाँ तक हमें ज़िन्दगी रद करेगी
कहीं पर तो क़ायम कोई हद करेगी

यही सोचकर ज़िन्दगी से ख़फ़ा हैं
किसी दिन हमारी ख़ुशामद करेगी

है बीनाई[1] उसकी उसी के मनाज़िर[2]
वो चाहेगी जिसको नदारद करेगी

बदल जायेंगे सारे किरदार के रुख़
कहानी में जिस दम वो आमद करेगी

मुझे जबकि वापस भी आना नहीं है
मेरा इन्तज़ार अब वो शायद करेगी

1. देखने की क्षमता, 2. दृश्य।

आयीं हज़ार आँधियाँ तूफ़ाँ अड़े रहे
महफ़ूज़[1] हैं वो, बन के जो पर्वत खड़े रहे

उस बेअदब को अपने किये की खबर न थी
और हम नदामतों[2] से ज़मीं में गड़े रहे

बनकर कँवल खिले वो सियासत की झील में
मतलबपरस्त लोग जो चिकने घड़े रहे

तब्दीलियाँ क़दों में न कर पायी रौशनी
साये ज़रूर जिस्मों के छोटे-बड़े रहे

मिलना हमारा आपसे दुश्वार था कि हम
तस्वीर थे सो फ्रेम के अन्दर जड़े रहे

जब तक 'पवन' सुनाता रहा अपनी दास्ताँ
हैरत मैं अहल-ए-बज़्म मुसलसल[3] पड़े रहे

---

1. सुरक्षित, 2. लज्जित, 3. लगातार।

आया न मुद्दतों से कोई आसपास भी
अब ज़ायः[1] हो चला है मेरा इल्तिमास[2] भी

तब्दील होता जाता है वादा फ़रेब में
दम तोड़ती है रात के हमराह, आस भी

तय कर चुका है जो कई पथरीले रास्ते
चुभती है उसके पाँव में अब नर्म घास भी

कटती हैं अपनी उम्र तज़ादों[3] के दरमियाँ
चलते हैं साथ ले के समन्दर भी प्यास भी

अब उससे कुछ तवक़्क़ों[4] न रक्खें तो क्या करें
जो तिश्नगी[5] बढ़ा दे थमा दे गिलास भी

जीने की कितनी ख़ूबियाँ उसमें है तह-ब-तह
अन्दर हैं तल्ख़ियाँ[6] तो है ऊपर मिठास भी

काग़ज़ का पैरहन[7] है हवा भी है तेज़ रौ[8]
ख़ुद भी चलो सँभल के सँभालो लिबास[9] भी

---

1. व्यर्थ, 2. प्रार्थना, 3. विरोधाभास, 4. अपेक्षा, 5. प्यास, 6. कड़वाहट, 7. वस्त्र, 8. रफ़्तार/गति, 9. पोशाक।

कितने ही मोतक़िद[1] थे उड़ानों के इर्द-गिर्द
देते नहीं दिखायी ढलानों के इर्द-गिर्द

अब झील से निकलने का इम्कान ही कहाँ
काई जमी हुई है चटानों के इर्द-गिर्द

आँखें अगर हों बन्द तो कुछ आये भी नज़र
रक्खे हुए हैं ख़्वाब सरहानों के इर्द-गिर्द

फ़ाक़ाकशी[2] ने क़त्ल किया ख़्वाहिशात[3] का
फिरता नहीं हूँ अब मैं दुकानों के इर्द-गिर्द

बचपन का एक ख़ौफ़ जो अब आ के सच हुआ
आसेब[4] घूमते हैं मकानों के इर्द-गिर्द

मैं जानता हूँ जाल में फँसना ही है इन्हें
कुछ लालची परिन्दे हैं दानों के इर्द-गिर्द

सस्ते में अपनी फ़स्ल न बेचें तो क्या करें
क़र्ज़ों का है हुजूम किसानों के इर्द-गिर्द

1. आस्थावान, 2. भुखमरी, 3. इच्छाएँ, 4. प्रेत।

क्या ज़िन्दगी ने रक्खी सौग़ात मेरे हक़ में
हर जीत उसको हासिल हर मात मेरे हक़ में

मुद्दत से नम है दामन आख़िर दिखायें किसको
इक रोज़ हो गयी थी बरसात मेरे हक़ में

हैं रौनक़ें कहीं तो बेख़्वाबियाँ[1] कहीं हैं
जो रात उसके हक़ में वो रात मेरे हक़ में

यूँ मुश्तरक[2] थे हम सब हर फ़र्द[3] था मुसावी[4]
फिर भी हैं सारे मुश्किल हालात मेरे हक़ में

क्या ख़ूब है तुम्हारा ये मन्सब-ए-सख़ावत[5]
सब इल्तिफ़ात[6] ख़ुद पर ज़ुल्मात मेरे हक़ में

लाज़िम है नग़मगी[7] भी गोयाई[8] भी ज़रूरी
लिखती है अब ख़मोशी नग़मात[9] मेरे हक़ में

---

1. स्वप्नहीनता, 2. साझे, 3. व्यक्ति, 4. बराबर, 5. उदारता, 6. कृपा, 7. संगीतमयच, 8. आवाज, 9. गीत।

तो क्या हुआ जो आज ये बंजर ज़मीन है
सरसब्ज़[1] इससे क़ब्ल[2] थी मुझको यक़ीन है

देखो न टूट जाये ये थोड़े खिंचाव से
रिश्ते बँधे हैं जिसमें वो धागा महीन है

वाइज़[3] है एक ओर तो इक ओर मयकदा
मुश्किल में आज दोस्तो ईमान-ओ-दीन है

ऐसा नहीं कि सिर्फ़ तिरी बात सब सुनें
मेरे भी साथ क़ाफ़िला-ए-सामईन[4] है

आ जाये सैल-ए-अश्क[5] जो आँखों की सत्ह पर
इतना है इन्तिज़ाम सिपर[6] आस्तीन है

हर वक़्त मुत्मइन हूँ यही सोचकर कि मैं
जो लम्हा जी रहा हूँ वही बेहतरीन है

लेना पड़े उधार जो बीनाइयाँ[7] तो क्या
दुनिया को देख लीजिए दुनिया हसीन है

---

1. हरी-भरी, 2. पूर्व, 3. उपदेशक, 4. श्रोता-समूह, 5. आँसुओं का सैलाब, 6. ढाल, 7. देखने की क्षमता।

जसारत[1] के रहते भी ख़ामोश होना
है इसके सिवा क्या सितमपोश[2] होना

परेशाँ नहीं तोहमतों[3] से मैं लेकिन
गराँ[4] है तुम्हारा ये ख़ामोश होना

वही इक क़दआवर जो तश्हीर[5] में था
पुर असरार[6] है उसका रूपोश[7] होना

मिरी चाहतों को हवा दे गया है
उन आँखों का वादा फ़रामोश होना

सितम ढा गया और भी मेरे दिल पर
बिछड़ने से पहले हम आग़ोश[8] होना

1. हिम्मत, 2. ज़ुल्म को छुपाने वाला, 3. आरोप, 4. भारी, 5. विज्ञापन, 6. रहस्यात्मक, 7. ग़ायब, 8. आलिंगनबद्ध।

ख़ाकी पतलून

आज फिर वार्डरोब से वही ख़ाकी पतलून
निकालकर पहनी है,
बड़े क़रीने से इस्त्री की गयी है इस पर
क्रीज़ बनाने में भी प्रेस वाले ने
कमाल का हुनर दिखाया है।
वैसे ये पतलून मुझे ख़ास पसन्द नहीं है
मगर जब भी मिलता हूँ उससे तो अमूमन
यही पतलून पहनकर जाता हूँ,
उसे पतलून का यह कलर बहुत पसन्द जो है ना।
यह पतलून शिनाख़्त है दरअस्ल हमारी मुहब्बत की
यार-दोस्त भी जान जाते हैं कि ख़ाकी रंग की पतलून पहनी है
मसअला आज उससे वस्ल का है,
छेड़ते हैं यार-दोस्त, हाथ हिलाते हुए कहते हैं 'ओके पार्टनर'
जा मिल आज उससे फिर
शाम की पार्टी करते हैं किसी रेस्तराँ-बार में
या किसी आइसक्रीम पार्लर में।
बहरहाल पतलून पहनकर मुझे भी भला-सा लगता है
कोई खास फ़ैब्रिक नहीं है इसका मगर
ये जाड़े में गर्मी का और गर्मियों में सर्दी का
अहसास देती है।

पिछली मुलाक़ात जो हमारी मुहब्बत की आख़री मुलाक़ात थी
तब भी तो इसी पतलून को पहनकर उससे मिला था,
हमें मालूम था कि हमारी राहें जुदा हैं मसाइल भी अलग हैं, मगर
जुदाई के कर्ब को हमें सहना ही होगा,
बुझे-भारी मन से हमने अश्कों की बूँदाबाँदी के दरमियाँ
हिज्र बर्दाश्त करने की कसम खा ली थी
कई निशानियाँ उसने मेरी मैंने उसकी वापस की थीं,
सिवा उस एक ख़त के जो उसने मुझे
जुदा होते वक़्त धीमे से हथेलियों में थमा दिया था,
वो ख़त चुपचाप इसी ख़ाकी पतलून की दायीं जेब में रख लिया था।
आज जब फिर से ख़ाकी पतलून पहनी है तो अचानक
पतलून की जेब के अन्दर हाथ जाने पर अहसास हुआ
कि वो आख़री ख़त भीगकर सूख चुका है
बग़ैर अंजाम तक पहुँचे ख़त्म हो गया है।
समझ में नहीं आता ये लाण्ड्री वाले, ये प्रेस वाले कुछ देखते नहीं हैं क्या,
ऐसा लगता है कि ये सिर्फ़ कपड़े नहीं धोते
मुहब्बतों के कुछ हसीं धब्बों को भी धो देते हैं।

तब्सिरा[1] उसके नाम तक पहुँचा
शेर अपने मुकाम तक पहुँचा

उस परिन्दे की छोड़ दी उम्मीद
लौटकर जो न शाम तक पहुँचा

इब्तिदा[2] भी न जिसकी हो पायी
क़िस्सा वो इख़्तिताम[3] तक पहुँचा

जाम तुझ तक कभी न पहुँचेगा
तू अगर ख़ुद न जाम तक पहुँचा

ख़ास पैग़ाम[4] तुझको देना है
बात अपनी अवाम तक पहुँचा

मेरे अशआर तो सुने सबने
कौन मेरे कलाम तक पहुँचा

दिल में ख़्वाहिश[5] थी बात करने की
हौसला बस सलाम तक पहुँचा

□□

1. समीक्षा, 2. प्रारम्भ, 3. समापन, 4. सन्देश, 5. चाहत।